La Quatrième République

QUE SAIS-JE ?

La Quatrième République

PAUL COURTIER
Professeur de Première Supérieure
au lycée Henri-Poincaré à Nancy

Cinquième édition
50e mille

ISBN 2 13 042505 4

Dépôt légal — 1re édition : 1975
5e édition : 1989, août

INTRODUCTION

Deux constatations s'imposent à l'évidence sur la IVe République : sa brièveté et son discrédit. De tous les régimes que la France connut depuis le début du XIXe siècle, elle fut, à l'exception de l'éphémère Seconde République, celle qui eut la plus courte durée : onze ans et sept mois et demi (15 octobre 1946 - 3 juin 1958). Elle est aussi un régime critiqué et même décrié par des hommes d'opinions différentes. Au temps même de la IVe République, François Mauriac exprimait une opinion très répandue lorsqu'il disait des députés, en qui s'incarnait le régime : « Contemple-les, mon cœur, ils sont vraiment affreux. » Depuis 1958, de Gaulle et les gaullistes ne se sont jamais lassés de répéter les mêmes sarcasmes contre la IVe République et l'opposition de gauche semble craindre plus que tout qu'on la soupçonne de vouloir revenir à ce régime et s'en défend avec vigueur. Quant aux maîtres de la science politique, qui, en principe, ne font pas intervenir leurs préférences personnelles dans leur observation des faits, ils mettent le plus souvent un accent critique dans leurs jugements sur la IVe République : pour A. Siegfried, sous elle, la France ne fut pas « gouvernée » mais simplement « administrée » ; pour M. Duverger, elle fut « la démocratie sans le peuple ». Bref, la IVe République est « la mal aimée » (J. Barsalou). Contrairement aux autres régimes, elle n'a pas laissé de nostalgiques... avoués.

Quand on étudie l'histoire de la IVe République, on ne peut manquer d'être influencé par ces constatations, on ne peut pas ne pas en tenir compte.

Mais il semble que l'historien devrait chercher à les expliquer. Une histoire de la IVe République, même dans les limites d'un modeste ouvrage, nous paraît devoir être, outre un récit descriptif de ce régime, un essai de recherche d'une explication de sa courte durée et de son discrédit.

Pour conduire cette étude, il faut indiquer ce qu'on entend par régime politique. Un régime politique est d'abord défini par des institutions, qui s'expriment sous la forme théorique qu'est une constitution, et par la pratique de ces institutions, qui est fonction des circonstances et des hommes, tout cela amenant à étudier avant tout la vie politique dans le cadre chronologique fourni par la durée du régime. Mais, en profondeur, un régime se caractérise aussi par l'idéologie qui l'inspire et par les bases sociales sur lesquelles il repose. Enfin il se juge à une œuvre. Tout au moins est-ce là ce que doit comporter un régime politique pour être solide et durable et pour susciter des enthousiasmes. Or trouve-t-on tout cela dans la IVe République ? Que valent ses institutions et comment celles-ci ont-elles fonctionné ? Ce régime reposait-il sur une idéologie et des bases sociales ? Que fut son œuvre ? Les réponses à ces questions, qui viendront au cours de notre étude, nous montreront ce que fut, ou ce que ne fut pas, la IVe République et nous permettront, nous l'espérons, de comprendre pourquoi elle dura si peu et pourquoi elle est si critiquée. Toutefois si la courte durée de ce régime est une constatation indiscutable, parce qu'elle est un fait, il n'en va pas de même des critiques qu'elle suscite. Certes, il doit bien y avoir des raisons objectives à ces critiques pour qu'elles soient si répandues et nous venons de dire que nous chercherons à les comprendre.

Mais cela n'empêche pas de se demander si ces critiques sont toutes justifiées. Nous voudrions donc aussi chercher à savoir si la IVe République mérite tous les reproches qu'on lui prodigue, c'est-à-dire si elle n'a rien laissé d'utile et de durable, si ses successeurs, malgré leur acharnement à la dénigrer, n'ont pas reçu d'elle un héritage. Il n'y a pas là une volonté systématique de réhabilitation mais un simple souci d'honnêteté.

CHAPITRE PREMIER

LE TRIPARTISME (octobre 1945-mai 1947)

I. — La naissance du nouveau régime

1. La décision du changement de régime. — Le 9 septembre 1944, deux semaines après la libération de Paris, de Gaulle constitua un Gouvernement provisoire de la République française (G.P.R.F.). Ce gouvernement était composé exclusivement de résistants, y compris des communistes. Ainsi la Résistance détenait le pouvoir. Sur le plan politique, qui nous intéresse seul ici, elle était unie par son attachement à la République. Dans ces conditions rien ne semblait empêcher le retour à la IIIe République. Mais les hommes et les partis politiques qui avaient vraiment compté dans la Résistance ne voulaient pas de ce régime. Depuis 1940, de Gaulle n'avait jamais caché son mépris pour la IIIe République à cause de ses faiblesses et parce qu'elle avait été le régime de la défaite. Les socialistes et les communistes la critiquaient à cause de l'importance qu'y avait prise le Sénat dans lequel ils voyaient une assemblée conservatrice. Mais au moment de la Libération, la question des institutions de la République fut laissée de côté parce que de Gaulle et ses ministres estimaient que, avant de statuer sur le régime, il fallait attendre que le territoire fût complètement libéré et que les Francais prisonniers ou déportés en Allemagne fussent de retour.

En attendant que ces conditions fussent remplies,

on assista à la reconstitution ou à la constitution des partis en vue des luttes politiques futures. Ainsi à la fin de 1944 et au début de 1945, les grands partis de gauche, le P.C., la S.F.I.O. et le Parti radical tinrent des congrès dans lesquels s'exprima leur reconstitution officielle. Dans le même temps on vit se constituer des formations politiques qui se disaient issues de la Résistance et voulaient rénover la vie politique. Deux d'entre elles méritent d'être retenues à cause du rôle qu'elles jouèrent par la suite. Le Mouvement républicain populaire (M.R.P.) fut fondé par des chrétiens sociaux qui, avant la guerre, avaient appartenu à un petit parti d'inspiration démocrate chrétienne, ou au syndicalisme chrétien, ou à des mouvements de la jeunesse chrétienne. Ce parti avait des tendances socialisantes assez proches de la S.F.I.O. L'Union démocratique et socialiste de la Résistance (U.D.S.R.) fut fondée par des résistants de gauche qui ne voulaient pas se laisser absorber par les communistes, mais à ses débuts il était difficile de savoir si elle était proche des radicaux ou de la S.F.I.O.

Le 9 juillet 1945, le territoire étant libéré et les prisonniers et déportés survivants étant de retour, le G.P.R.F. décida de s'en remettre au peuple pour savoir s'il fallait donner de nouvelles institutions à la République. Sur la manière dont se ferait cette consultation, de Gaulle fit admettre, non sans difficulté, la procédure référendaire. Les Français devraient élire une assemblée et, en même temps, décider par référendum si elle serait constituante, ce qui revenait à rejeter le retour à la IIIe République. Pour la consultation, une double innovation fut adoptée par le gouvernement. L'élection de l'assemblée aurait lieu à la représentation proportionnelle et les femmes auraient le droit de vote, tout cela étant en réaction contre ce qui se faisait sous la IIIe République. Le 21 octobre 1945 eurent lieu les élections et le référendum. A la question de savoir si l'assemblée serait constituante, 96 % des électeurs répondirent : Oui. Donc massivement et comme le préconisaient de Gaulle et les partis se réclamant de la Résistance, les Français s'étaient prononcés contre la restauration de la IIIe République et avaient ainsi décidé de changer de régime. Mais les institutions du nouveau régime dépendaient du résultat des élections à l'Assemblée constituante.

2. **Le tripartisme au pouvoir.** — Le vote des électeurs fut logique avec leur réponse au référendum : ayant décidé de changer de régime, ils battirent les partis qui avaient soutenu les régimes précédents. Ainsi les radicaux, qui, pendant la campagne du référendum, avaient affirmé leur attachement à la IIIe République n'obtinrent qu'une très faible représentation. La droite classique, formée de ceux que l'on appelait avant la guerre « les modérés », ne recueillit que le septième des voix : elle payait le soutien que beaucoup de ses membres avaient apporté au régime de Vichy et elle était désavantagée par le nouveau mode de scrutin car, conformément à sa tradition d'individualisme et d'indiscipline, elle se morcela en plusieurs partis alors que la représentation proportionnelle avantageait les grands partis.

Par voie de conséquence, les partis vainqueurs étaient ceux qui voulaient une nouvelle République et qui avaient milité dans la Résistance ou en étaient issus. Le grand vainqueur était le Parti communiste qui obtenait le plus grand nombre de voix (5 millions, soit 26 % des votants) et de sièges (160 sur 583). Il se dit alors « le premier Parti de France ». Cette poussée communiste était due à des causes diverses : exaltation par le P.C. de son rôle dans la Résistance, prestige de l'U.R.S.S. à cause de sa part dans la victoire sur l'Allemagne, mécontentement de beaucoup de Français devant les difficultés matérielles qui avaient suivi la Libération. Cependant le P.C. n'avait pas gagné toutes les masses : avec 4 millions et demi de voix, la S.F.I.O. maintenait ses fortes positions de 1936, et parmi les partis nouveaux, le M.R.P. faisait une forte percée avec 4 700 000 voix. Il devait son succès à ce qu'on le disait proche de de Gaulle et à ce qu'il recueillit une bonne partie des voix de la droite. Cependant le P.C. et la S.F.I.O. détenaient à eux seuls la majorité à l'Assemblée constituante. Mais les socialistes ne tenaient pas au tête-à-tête avec les communistes. Dans ces conditions il ne pouvait y avoir de majorité que par la coalition des trois partis vainqueurs, le P.C., la S.F.I.O. et le M.R.P. Ce fut cette coalition que l'on appela le tripartisme. Elle avait une orientation nettement à gauche.

Selon les dispositions contenues dans le référendum, l'Assemblée constituante dut, dès sa réunion, élire le chef du gouvernement. Le 13 novembre, à l'unanimité, elle confia ce poste à de Gaulle, qui constitua le gouvernement en gardant quelques fidèles sans appartenance politique déclarée et en distribuant le plus grand nombre des ministères exactement entre les trois grands partis, sans donner de ministères importants aux communistes. Mais de Gaulle supportait mal les exigences et les querelles des partis, lesquels admettaient difficilement ses prétentions. Dès le 20 janvier 1946, il donna sa démission. Le 23 janvier, l'Assemblée élut à sa place Félix Gouin, député socialiste depuis 1924, rompu à toutes les combinaisons de la IIIe République. Gouin forma un gouvernement exclusivement tripartiste. Le tripartisme était donc maintenant installé au pouvoir et, ce qui nous importe seulement ici, c'était à lui que revenait la charge de donner des institutions au nouveau régime.

3. La difficile élaboration de la Constitution. — L'élaboration de la Constitution donna lieu à un débat qui dépasse le cadre étroit et toujours un peu clos des assemblées puisqu'il fut porté devant l'opinion publique par la voie des référendums. La cause première de ce débat, de cet affrontement même, vint des divisions qui apparurent immédiatement derrière la façade du tripartisme.

Si socialistes et communistes avaient en commun la volonté de faire disparaître des futures institutions l'essentiel de ce qui pouvait rappeler la IIIe République, ils divergeaient sur l'organisation des rapports entre les pouvoirs et sur leur contenu. Dans le projet communiste, aucun autre organisme ne devait limiter la souveraineté d'une Assemblée unique et omnipotente, élue au suffrage universel et qui tiendrait dans une dépendance étroite l'exécutif et même le judiciaire. Ce système permettrait au parti majoritaire d'exercer la dictature par le moyen de l'Assemblée et le P.C. espérait bien en être le bénéficiaire. Le projet socialiste prévoyait au moins une possibilité de dissolution de l'Assemblée, ce qui limitait sa toute-puissance. Tous ceux qui étaient attachés à la liberté étaient opposés au projet d'assemblée unique. Mais les radicaux et les modérés, à eux seuls, n'eurent aucun poids dans le débat à cause de leur faible représentation à la Constituante. Ils trouvèrent un appui relatif dans l'un des membres du tripartisme, le M.R.P., qui désirait au moins instituer « des freins et des contrepoids » à l'Assemblée élue au suffrage universel par l'existence d'une seconde assemblée et une relative indépendance de l'exécutif. Mais la S.F.I.O. céda finalement devant le P.C. Aussi ce fut le projet de celui-ci qui fut adopté par la majorité socialo-communiste le 19 avril 1946.

Selon les dispositions contenues dans le texte approuvé par le référendum du 21 octobre 1945, le projet constitutionnel adopté par la Constituante devait à son tour être soumis au référendum. Ce second référendum eut lieu le 5 mai 1946. Un peu plus de la moitié des électeurs, dont des socialistes, répondit : Non. On avait alors plus voté contre les communistes que contre un texte constitutionnel.

L'échec du projet constitutionnel entraîna l'élection d'une nouvelle Assemblée constituante. Le vote, qui eut lieu le 2 juin, redonna la prédominance au P.C., à la S.F.I.O. et au M.R.P. Toutefois le M.R.P. était devenu « le premier Parti de France » grâce aux voix qu'il enleva à la droite et aux socialistes. Son leader, G. Bidault, fut élu chef du gouvernement par l'Assemblée et il forma un nouveau gouvernement tripartiste.

Avant même que l'Assemblée ne reprît le travail constitutionnel, il y eut dans le débat une intervention inattendue : celle du général de Gaulle. Sortant de la réserve qu'il avait gardée depuis son départ du pouvoir, celui-ci prononça à Bayeux, le 16 juin, un discours dans lequel il exposa un projet de Constitution caractérisé par les points suivants : stricte séparation des pouvoirs, nécessité de deux assemblées, exécutif fort dans lequel le gouvernement ne procéderait que du seul chef de l'Etat. Ces idées, opposées à celles du tripartisme, provoquèrent la fureur dans ses rangs. Mais pour sortir de l'impasse que provoquaient ses divisions internes, le tripartisme se mit à la recherche d'un compromis dont tous les points particuliers ne furent votés qu'après d'âpres discussions. On aboutit finalement à un texte par lequel certains voulaient empêcher une dictature communiste et tous voulaient éviter de créer les circonstances favorables au retour de de Gaulle et l'établissement du régime qu'il avait défini à Bayeux. L'ensemble du compromis fut voté par les trois membres du tripartisme et devint le second projet constitutionnel. Par un discours prononcé à Epinal, de Gaulle recommanda de voter Non au référendum auquel fut soumis ce projet. Le référendum, qui eut lieu le 13 octobre 1946, donna les résultats suivants : 31 % d'abstentions, 36 % de Oui, 31 % de Non. Puisqu'il y avait plus de Oui que de Non, le projet était adopté et il devint la Constitution de 1946, promulguée le 15 octobre. La IVe République était née.

Il est intéressant maintenant de caractériser les circonstances de la naissance de la IVe République. On peut d'abord remarquer que celle-ci ne fut pas inspirée par un grand courant de pensée, par une idéologie, comme on en a vu à l'origine d'autres régimes. Rien de comparable par exemple à l'orléanisme, au bonapartisme, à la mystique républicaine des années 1870, au gaullisme, dans les origines de la IVe République. Les auteurs des institutions de celle-ci ne furent animés que par des préoccupations négatives : ne pas revenir à la IIIe République, ne pas permettre à de Gaulle d'établir le régime de son choix, et, pour beaucoup, ne pas fournir au P.C. le moyen institutionnel d'exercer sa dictature. Ils ne se tirèrent de leurs préoccupations diverses et en partie contradictoires que par un compromis qui ne représentait un idéal pour personne. Ce compromis ne suscita pas l'enthousiasme des Français puisqu'un bon tiers seulement d'entre eux l'approuva. Le résultat du référendum du 13 octobre 1946 montre que la IVe République naissait dans l'indifférence ou l'hostilité de la majorité des Français. Ce résultat montre aussi la très forte influence sur les Français du général de Gaulle puisque son opposition au projet constitutionnel poussa beaucoup d'électeurs à voter contre ce projet ou à s'abstenir. Institution gaullienne, le référendum ne pouvait profiter qu'à de Gaulle lui-même, et ce fut ce qui se produisit, mais contre le régime nouveau. Absence d'inspiration idéologique, faible *consensus* populaire, opposition de de Gaulle, c'étaient là autant de causes de faiblesse pour la IVe République à sa naissance.

II. — La Constitution de 1946

Il importe maintenant d'analyser et de caractériser les institutions établies par la Constitution de 1946 afin de définir le type de régime que le tripartisme a donné à la France et de comprendre les mécanismes de la vie politique sous la IVe République.

1. **Les institutions de la IVe République.** — A) *Le Parlement.* — Fait significatif, le texte constitutionnel commence sa présentation des institutions par le Parlement. C'est déjà la preuve que celui-ci sera la pièce maîtresse du nouveau régime. Le bicamérisme l'ayant finalement emporté, le Parlement se compose de deux Assemblées, l'Assemblée nationale et le Conseil de la République. Les noms de ces assemblées ne sont pas les mêmes que sous la IIIe République, ce qui est une façon

de montrer qu'on n'est pas revenu à ce régime. Selon la coutume française, le mode d'élection des assemblées n'est pas contenu dans la Constitution, mais il sera défini par la loi. Les constituants ont d'ailleurs voté eux-mêmes en octobre 1946 les lois électorales. Celles-ci sont en accord avec l'esprit général de la Constitution et les préoccupations du tripartisme qui, étant sorti vainqueur des élections depuis 1945 grâce à la représentation proportionnelle, a maintenu celle-ci parce qu'il espère se perpétuer au pouvoir par ce système. L'Assemblée nationale est élue pour cinq ans au suffrage universel, à la représentation proportionnelle, au scrutin de liste départemental, avec répartition des restes à la plus forte moyenne. Les membres du Conseil de la République sont élus pour six ans mais renouvelables par moitié tous les trois ans. Théoriquement représentant des collectivités locales, ce Conseil est élu par un système très compliqué qui doit lui assurer une composition politique analogue à celle de l'Assemblée nationale grâce à l'utilisation de la représentation proportionnelle et à la désignation de certains de ses membres par l'Assemblée nationale elle-même. Tout ce système électoral est en réaction contre celui en usage sous la IIIe République.

Cette intention se retrouve dans les attributions des assemblées. L'Assemblée nationale détient seule le pouvoir législatif. Le Conseil de la République ne dispose que d'un rôle consultatif : il ne peut que donner son avis sur un projet de loi. L'Assemblée nationale doit examiner cet avis, mais elle vote seule la loi, et, ajoute l'article 13, « elle ne peut déléguer ce droit ». Cette dernière disposition visait à empêcher le gouvernement de légiférer par la procédure des décrets-lois comme cela s'était fait dans les années 1930. La souveraineté de l'Assemblée nationale s'exerce encore par d'autres dispositions : elle est permanente ; elle établit seule son règlement et l'ordre du jour, ce qui enlève au gouvernement tout moyen de pression pour infléchir la procédure parlementaire. Enfin, comme nous le verrons plus loin, c'est l'Assemblée nationale seule qui fait naître et mourir les gouvernements. Le Conseil de la République est donc très loin d'avoir les pouvoirs qu'avait le Sénat sous la IIIe République. L'écrasante supériorité de l'Assemblée nationale sur le Conseil de la République crée, dans la IVe République, une situation que définit très exactement M. Duverger : « Un monocamérisme de fait sous les apparences du bicamérisme. »

B) *Le pouvoir exécutif.* — Le pouvoir exécutif reste partagé en deux branches : le Président de la République et le Président du Conseil. Comme sous la IIIe République, le Président de la République est élu pour sept ans et à la majorité absolue par les deux assemblées réunies en Congrès. Il n'est rééligible qu'une fois. On veut éviter par là qu'il prenne trop d'importance grâce à la durée de son mandat. De plus il perd des attributions que lui donnaient les lois constitutionnelles de 1875 : il ne nomme plus que quelques hauts fonctionnaires, ne fait plus que promulguer les lois. C'est le Président du Conseil qui nomme à tous les emplois civils et militaires et assure l'exécution des lois. Tout acte du Président de la République doit être contresigné par le Président du Conseil et par un ministre. Il reste cependant des attributions au Président de la République. Il préside le Conseil des Ministres et peut par conséquent exercer sur lui une autorité morale. Il doit être tenu au courant des négociations internationales et préside le Conseil de la Défense nationale, ce qui lui permet d'exercer éventuellement une influence personnelle dans les questions de politique extérieure et de Défense nationale. Enfin, en cas de crise ministérielle et au début de chaque législature, il désigne le Président du Conseil, mais cela ne suffit pas pour que celui-ci soit nommé comme nous allons le voir. Et finalement le rôle actif dans la détermination de la politique appartient au Président du Conseil, dans la mesure tout au moins où l'Assemblée nationale le lui laisse.

C) *Les rapports entre les pouvoirs.* — Le premier aspect des rapports entre l'exécutif et le législatif concerne la nomination du Président du Conseil. La désignation de celui-ci par le Président de la République constitue une simple proposition à l'Assemblée nationale. Une fois désigné, le Président du Conseil vient se présenter devant l'Assemblée nationale pour en recevoir l'investiture. Il doit se présenter seul, donc avant d'avoir formé son gouvernement, contrairement à l'usage sous la IIIe République. L'investiture n'est accordée que si elle est votée à la majorité absolue. Et c'est seulement après avoir été investi que le Président du Conseil forme son gouvernement, sans avoir à en rendre compte à l'Assemblée.

Une fois le gouvernement formé, le contrôle du Parlement sur lui s'exerce par la discussion de ses projets de lois et de ses déclarations de politique générale, et surtout par le vote de la confiance, laquelle met en jeu l'existence du gouvernement. Pour éviter que le Président du Conseil ou tel ministre en particulier pose la question de confiance au hasard d'un débat parlementaire, ce qui avait été souvent le cas sous la IIIe République et avait provoqué de nombreuses chutes de gouvernements, toute une procédure est prévue. D'abord il faut une décision du Conseil des Ministres autorisant le Président du Conseil à poser la question de confiance. Ensuite il faut au moins un jour franc entre le moment où la question de confiance est posée, délai de réflexion empêchant les députés de voter dans la précipitation ou l'excitation. Enfin la confiance doit être refusée par la majorité absolue des députés pour que le gouvernement soit obligé de démissionner. Cette procédure du vote de la confiance poursuit un but précis : assurer la stabilité gouvernementale, ce qui était encore une réaction très nette contre la IIIe République. Toutefois le gouvernement doit aussi se retirer si une motion de censure, déposée contre lui à l'Assemblée nationale, est votée à la majorité absolue. Les constituants espéraient d'ailleurs que la motion de censure serait la forme habituelle de la mise en jeu de l'existence du gouvernement.

Il reste un troisième aspect des rapports entre les pouvoirs : le régime de la dissolution. Ici on est toujours hanté par le précédent de 1877, interprété comme un coup de force de l'exécutif contre le Parlement. Aussi, respectant la tradition qui s'est établie ensuite sous la IIIe République, la Constitution de 1946 est hostile à la dissolution. C'est pourquoi elle ne la rend possible que dans des conditions qu'elle croit extrêmement difficiles à réaliser. Au cours des dix-huit premiers mois d'une législature, la dissolution est interdite. Si, au cours des dix-huit mois qui suivent les précédents, deux crises ministérielles se sont ouvertes dans les conditions prévues par la Constitution, la dissolution peut être prononcée par décret pris en Conseil des Ministres après avis du Président de l'Assemblée nationale. Et dans ce cas celui-ci remplace le Président du Conseil, ce qui doit enlever à ce dernier l'envie de se prononcer pour la dissolution.

2. **Caractères de ces institutions.** — Toutes les remarques de détail que nous avons faites à propos de chacun des pouvoirs et de leurs rapports montrent que le caractère premier et fondamental de la Constitution de 1946 est d'être en réaction contre la IIIe République, ce qui était une suite logique du référendum par lequel celle-ci a été condamnée par 96 % des Français. Mais quel type de régime est ce régime établi par la nouvelle Constitution ? Ce n'est pas un vrai régime d'Assemblée puisqu'il existe des contrepoids théoriques à l'Assemblée nationale, puisque celle-ci n'est ni unique ni omnipotente. Ce n'est pas non plus un vrai régime parlementaire puisque l'un des traits caractéristiques d'un tel régime n'existe pas :

l'équilibre entre les pouvoirs. Cet équilibre suppose en effet non seulement que le gouvernement soit responsable devant le Parlement, mais aussi que l'Assemblée principale puisse être dissoute par le gouvernement. Sans doute les constituants ont-ils introduit la possibilité de dissoudre l'Assemblée nationale, mais ce n'était là que sacrifice à un principe car ils croyaient irréalisables les conditions de la dissolution prévues par la Constitution. A vrai dire, il est impossible de donner du nouveau régime une définition qui le fasse entrer dans une catégorie précise.

Cependant les institutions de la IVe République présentent un caractère très net : C'est que l'Assemblée nationale en est la clé de voûte. Celle-ci en effet légifère seule, dispose seule de l'existence du gouvernement, est théoriquement difficile à dissoudre. Elle n'a pas à tenir compte de la seconde assemblée et le gouvernement doit être l'exécutant de ses volontés. On croyait cependant, avec un tel système, assurer la stabilité gouvermentale. La raison en est que les auteurs de la Constitution ont élaboré celle-ci dans des circonstances politiques qu'ils croyaient durables : l'alliance de trois grands partis, leur cohésion interne due à leur organisation et à la discipline qui régnait dans chacun d'eux, l'impossibilité d'un conflit entre l'exécutif et le législatif du fait qu'ils étaient issus des mêmes partis. En un mot tout l'édifice constitutionnel reposait sur la croyance des constituants dans la durée du tripartisme.

On peut porter sur les institutions de la IVe République des jugements fort divers et opposés, variant avec les opinions politiques de chacun. Il est certain qu'à l'époque où elles sont nées, elles ne pouvaient satisfaire ni de Gaulle, ni les communistes, ni les nostalgiques de la IIIe République, et cela aura son importance dans l'histoire de la IVe République. Mais si l'on veut essayer de surmonter les positions partisanes, on peut dire que, dans la théorie, les institutions prévues par la Constitution de 1946 n'étaient peut-être ni meilleures ni pires que d'autres. Simplement elles reposaient sur l'illusion qui préside à l'établissement de toute Constitution écrite, illusion qui consiste à croire qu'une situation particulière dans le temps sera durable. Autant croire que le temps va se figer et que l'avenir sera ce qu'est le présent. En réalité la IVe République sera ce que la fera la pratique des institutions, c'est-à-dire que tout dépendra des circonstances et des hommes.

3. **L'Union française.** — La Constitution de 1946 diffère de celle de 1875 par un autre aspect que ceux que nous avons déjà indiqués : elle ne concerne pas seulement la France mais

aussi ses colonies. La raison première en est sans doute que les colonies avaient encore peu d'importance en 1875. Mais la raison profonde en est ailleurs. La France libre, pendant la guerre, avait voulu détacher les colonies du régime de Vichy et leur demander un important effort de guerre. Elle voulait aussi désamorcer les projets de Roosevelt, qui était très hostile au régime colonial. Pour atteindre ces buts, elle avait fait aux populations coloniales des promesses qui annonçaient, pour l'après-guerre, un changement dans leur statut et dans leurs rapports avec la métropole. De son côté le Comité national de la Résistance avait, dans son programme, annoncé son intention de promouvoir « une extension des droits politiques, sociaux et économiques des populations indigènes et coloniales ». Tout cela était vague mais exprimait une volonté de changer l'ancien système colonial. Après la Libération, le renouveau dans ce domaine s'exprima d'abord dans une formule, « l'Union française », employée pour la première fois par le ministre des Colonies du G.P.R.F. pour désigner l'ensemble formé par la France et ses dépendances d'Outre-Mer. Puis il fut décidé que celles-ci seraient représentées à l'Assemblée constituante par les députés qu'elles auraient élus. Mais les députés indigènes d'Outre-Mer souhaitaient que l'Union française fût négociée alors qu'elle fut inscrite dans la Constitution, c'est-à-dire décidée et fixée par les députés de la métropole, largement majoritaires à la Constituante et chez qui se manifestait par là une mentalité coloniale.

Cela n'empêcha pourtant pas le texte constitutionnel de contenir des changements importants par rapport à l'ancien système colonial. Une terminologie nouvelle en est le premier signe. L'expression « Union française » remplace le mot « Empire » par lequel on désignait avant la guerre toutes les possessions d'Outre-Mer. Les mots « colonie » et « protectorat » ont disparu. On dit maintenant « département d'Outre-Mer » pour désigner les vieilles colonies (Antilles françaises, Guyane, la Réunion) et les départements d'Algérie, « Territoires d'Outre-Mer » pour désigner toutes les autres colonies, et « Etats associés » pour désigner les anciens protectorats. L'Union française est définie comme composée d'une part de la République française, comprenant la France métropolitaine et les Départements et Territoires d'Outre-Mer, et d'autre part des Etats associés.

Tous les habitants de la République française sont des citoyens français, ce qui étend la citoyenneté à tous les habitants des D.O.M. et des T.O.M. Par voie de conséquence ceux-ci élisent des représentants dans les deux assemblées formant le Parlement de la République, 83 députés et 74 membres du

Conseil de la République (contre respectivement 544 et 244 pour la métropole). Toutefois les conditions de vote et la représentativité ne sont pas les mêmes Outre-Mer que dans la métropole. Dans chaque D.O.M. ou T.O.M. il y a deux collèges électoraux, un pour les colons et un pour les indigènes, ceci pour que les voix des premiers ne soient pas noyées dans celles des seconds ; d'autre part, le nombre des représentants de l'Outre-Mer par rapport à la population locale est inférieur à ce qu'il est en France. On a voulu éviter par cette disposition que le Parlement comprît plus de représentants d'Outre-Mer que de France, suivant en cela le conseil d'Herriot qui ne voulait pas que la France devînt « la colonie de ses colonies ».

L'ensemble de l'Union française possède aussi des institutions locales. Elle a un Président, qui est le Président de la République française, élu par le seul Parlement français, où les Etats associés ne sont pas représentés. Un Haut Conseil de l'Union française, formé de délégués du gouvernement français et de représentants des Etats associés, doit « assister le gouvernement dans la conduite de l'Union française », formule vague qui permet une application aléatoire. Enfin il y a une Assemblée de l'Union française, composée pour moitié de représentants de la métropole, élus par le Parlement de la France, et pour l'autre moitié de membres dont les uns sont élus par les assemblées locales des D.O.M. et des T.O.M. et les autres désignés par les gouvernements des Etats associés. Cette Assemblée a uniquement un rôle consultatif. Ce n'est pas elle qui légifère pour l'ensemble de l'Union française, mais le Parlement de la République française.

Ce système comporte bien des entorses au principe d'égalité sur lequel, d'après le préambule de la Constitution, devait être fondée l'Union française. Il est de caractère très composite. Dans une certaine mesure il veut établir l'assimilation entre les territoires de la métropole et ceux d'Outre-Mer, et en cela il est conforme à la tradition républicaine, héritière de l'égalitarisme jacobin. Dans une autre mesure il veut établir une fédération entre la République française et les Etats associés ; mais cette fédération est très imparfaite, précisément peut-être parce qu'elle est contraire à la tradition française et aussi parce que beaucoup d'auteurs de ce système craignaient qu'une vraie fédération fût la porte ouverte à une dissolution de l'Union française. Toutes les contradictions que l'on peut trouver, dans l'organisation de l'Union française, entre les déclarations d'intention et l'œuvre accomplie, s'expliquent sans doute au fond par le fait que l'on écrivait « Union française » tout en continuant à penser « Empire colonial. » En cette affaire aussi on espérait faire durer le présent, mais ce qu'on croyait le présent était déjà en partie du passé.

III. — Les débuts du régime

L'accord qui s'était finalement fait pour donner naissance à la IVe République dans sa forme juridique ne put se maintenir quand il fallut passer de la théorie à la pratique, c'est-à-dire mettre en place les institutions et gouverner le pays. En quelques mois, de novembre 1946 à mai 1947, le tripartisme se révéla impuissant à faire fonctionner le nouveau régime. Dans le même temps se constitua une force d'opposition au régime mise sur pied par de Gaulle. Aussi la IVe République connut-elle des débuts difficiles d'où résultèrent des orientations décisives pour la suite de son histoire.

1. **La mise en place des institutions.** — Le Parlement étant la base du régime, il fallut d'abord procéder à l'élection des deux assemblées qui le composaient. Le 10 novembre 1946, le tripartisme sortit de nouveau vainqueur de l'élection de l'Assemblée nationale, le P.C. redevenant le premier parti et la S.F.I.O. perdant des sièges qui passaient en partie aux radicaux dont la remontée commençait. Réunie le 28 novembre, l'Assemblée se donna pour président le socialiste V. Auriol. Le Conseil de la République, élu le 8 décembre, eut aussi une majorité tripartiste, mais les radicaux et les modérés y étaient proportionnellement plus nombreux qu'à l'Assemblée nationale, ce qui rappelait un peu le Sénat de la IIIe République. Mais la présidence de la seconde assemblée donna lieu à un affrontement entre un candidat communiste et un candidat M.R.P. : le second, qui obtint le même nombre

de voix que le premier, fut élu au bénéfice de l'âge. C'était un ancien parlementaire et ministre de la IIIe République, A. Champetier de Ribes.

La bataille entre le P.C. et le M.R.P. se reproduisit quand il fallut former le gouvernement. Comme il n'y avait pas encore de Président de la République pour désigner le Président du Conseil, celui-ci devait être élu à la majorité absolue par l'Assemblée nationale. Thorez, secrétaire général du P.C., et Bidault, posèrent successivement leur candidature et furent l'un et l'autre battus. Pour sortir de l'impasse, Auriol proposa la candidature du vieux et prestigieux leader socialiste Léon Blum, bien que celui-ci vécût alors dans la retraite. Blum accepta de diriger un gouvernement de transition en attendant que l'élection d'un Président de la République permît le jeu normal des institutions et, le 13 décembre, il fut investi à la quasi-unanimité. Il forma un gouvernement exclusivement socialiste, à défaut du gouvernement d'Union nationale qu'il souhaitait.

Il restait à élire le Président de la République. La candidature de Vincent Auriol s'imposait tout naturellement à la suite du rôle qu'il venait de jouer comme Président de l'Assemblée nationale. Agé alors de 62 ans, il était le fils d'un boulanger de la Haute-Garonne. Devenu avocat, il représentait la promotion des « nouvelles couches sociales ». Député socialiste de la Haute-Garonne depuis 1914, ministre des Finances dans le gouvernement du Front populaire, expansif et sentimental, doué d'une éloquence de comices agricoles, il était le type parfait de l'homme politique de la IIIe République. Depuis la Libération, il rêvait de l'Elysée comme d'un couronnement de sa carrière. Mais sa candidature suscita des oppositions. Les modérés et les radicaux présentèrent des canditats pour la forme.

Le M.R.P. présenta Champetier de Ribes. Les communistes songèrent un moment à présenter un candidat, mais craignant que la multiplicité des candidatures créât une crise dont de Gaulle apparaîtrait comme la seule issue, ils se décidèrent, bien malgré eux, à voter pour Auriol. Le 16 janvier 1947, celui-ci fut élu à quelques voix de majorité par les deux Assemblées réunies en Congrès à Versailles. La présidence de l'Assemblée nationale étant devenue vacante, Herriot, le vétéran radical de la IIIe République, y fut élu.

Léon Blum donna alors sa démission et Auriol désigna le premier vrai Président du Conseil de la IVe République. Il choisit son ami Ramadier. Ce socialiste au tempérament de radical fut d'abord avocat dans l'Aveyron avant de devenir député des Bouches-du-Rhône en 1928 et ministre en 1936. C'était donc aussi un homme de la IIIe République. Le 22 janvier, il fut investi par l'Assemblée nationale à l'unanimité des présents. Mais il dut user de combinaisons pour constituer un gouvernement. Comme les communistes avaient voté pour Auriol, il fallait bien les récompenser en les faisant entrer dans le gouvernement. Ramadier s'y résigna, mais en les neutralisant par des M.R.P. et quelques radicaux, U.D.S.R. ou modérés. Au total Ramadier composa un gouvernement à prédominance tripartiste qui, en fait, tentait d'équilibrer des oppositions. Puis, voulant que son autorité fût solidement établie, Ramadier ne put s'empêcher de recourir à une pratique de la IIIe République qui n'était pas prévue par la Constitution de 1946 : il fit investir son gouvernement par l'Assemblée nationale. Il créait ainsi un précédent qui, dès le début, faussait l'application de la Constitution.

Maintenant que toutes les institutions étaient

pourvues, la IVe République avait une existence réelle. Mais quelle République avait-on établie ? « La République des camarades », avec Auriol et Ramadier ; la République de *La Dépêche du Midi*, qui avait fourni tant d'hommes de gouvernement sous la IIIe République ; la République dans laquelle les quatre plus hautes fonctions de l'Etat, les Présidences de la République, du Conseil, de l'Assemblée nationale et du Conseil de la République, étaient détenues par des professionnels de la politique venant de la IIIe République. A bien des égards, la IVe République naissante ressemblait à cette IIIe République qu'on avait tant décriée.

2. **L'impossibilité de gouverner avec les communistes.** — Depuis la Libération, les gouvernements étaient aux prises avec des difficultés de tout ordre, tant à l'intérieur qu'à l'extérieur. En janvier 1947, la IVe République hérita de ces difficultés. Les choses se compliquèrent alors du fait que les communistes se montrèrent rapidement en désaccord sur tout avec leurs partenaires du gouvernement Ramadier.

A) *Le début des guerres coloniales.* — En Indochine s'était constituée pendant la guerre la Ligue pour l'Indépendance du Vietnam, appelée le Vietminh et ayant à sa tête le communiste Ho Chi Minh. Le 2 septembre 1945, le Vietminh forma un gouvernement provisoire à Hanoi et proclama l'indépendance du Vietnam. Il réussit à se maintenir au Tonkin. Les gouvernements français, eux-mêmes alors provisoires, ne surent ou ne purent faire face à cette situation. La situation s'aggrava brusquement tout après la naissance de la IVe République. Appliquant les consignes de maintien de l'ordre qu'il avait reçues de ses chefs et, à travers eux, du gouvernement, un officier fit bombarder par un navire de guerre français le quartier vietnamien de Haïphong, le 23 novembre 1946. Il y eut plusieurs milliers de victimes. En réplique les éléments extrémistes du Vietminh, entraînés par Giap, chef des milices de ce mouvement, massacrèrent sauvagement des Français à Hanoi le 19 décembre. Et le soir de ce jour, Giap donna à ses milices l'ordre de combattre les Français sur tous les fronts. La guerre d'Indochine était commencée.

Déchiré entre le sentimentalisme socialiste, favorable en théorie à l'indépendance des colonies, et les responsabilités d'un chef du gouvernement devant une agression contre la France, Blum, investi quelques jours avant le massacre d'Hanoi, décida d'y répondre par la force et le gouvernement Ramadier, poussé en l'occurrence par le M.R.P. et la droite, persévéra dans cette voie. Mais pour faire la guerre il fallait renforcer le corps expéditionnaire français en Indochine. A cette fin Ramadier demanda des crédits à l'Assemblée nationale. Mais il se heurta aux communistes qui, par doctrine, étaient hostiles à la colonisation (qu'ils appelaient « impérialisme » ou « colonialisme ») et qui, plus particulièrement, ne voulaient pas soutenir une guerre contre le Vietminh parce que celui-ci était dirigé par un communiste. Aussi, le 19 mars 1947, le Comité central du P.C. se prononça contre le vote des crédits militaires pour la guerre d'Indochine. Malgré les adjurations de Ramadier, les députés communistes votèrent effectivement contre le gouvernement dans lequel il y avait des ministres communistes, ces derniers s'étant abstenus dans le vote. Une telle situation de ministres à l'égard du gouvernement dont ils faisaient partie était évidemment anormale. Le P.C. manifesta peu après une attitude semblable dans une autre affaire coloniale. Le 29 mars éclata à Madagascar un soulèvement au cours duquel des colons français furent massacrés. Ce soulèvement fut vite réprimé mais le gouvernement demanda la levée de l'immunité parlementaire des députés malgaches qu'il en tenait pour responsables. Les ministres communistes s'y refusèrent et, le 16 avril, quittèrent le Conseil des Ministres qui en prit la décision. Ainsi l'attitude des communistes provoquait la dislocation du tripartisme à propos de ces guerres coloniales dans lesquelles la IVe République se trouvait engagée dès sa naissance.

B) *La politique extérieure.* — Depuis la Libération, la politique extérieure française était dominée par la volonté d'anéantir la puissance allemande et d'obtenir des avantages destinés à compenser le pillage de la France pendant l'occupation. Les grands vainqueurs de l'Allemagne, les Etats-Unis, la Grande-Bretagne et l'U.R.S.S. donnèrent en partie satisfaction à la France en lui accordant une zone d'occupation en Allemagne et en la faisant siéger au Conseil des Ministres des Affaires étrangères des Alliés prévu pour régler les questions allemandes. La IVe République à ses débuts reprit cette politique anti-allemande. Mais au début de 1947, les données de la situation internationale n'étaient plus les mêmes qu'en 1944-1945. Les Etats-Unis et l'U.R.S.S. en étaient venus à une méfiance voisine de l'hostilité, chacune des deux puissances craignant que l'autre ne profitât des circonstances pour mener une politique d'expansion. La pression soviétique se précisant en Grèce et en Turquie, le Président Truman déclara le 12 mars 1947 que les Etats-Unis apporteraient leur aide aux peuples libres qui seraient menacés par des puissances totalitaires, ce qui visait l'U.R.S.S. La guerre froide était commencée. Dans ces conditions chacun des deux grands ne considérait plus l'Allemagne en elle-même mais en fonction de sa stratégie mondiale. Pour des raisons d'intérêt et de prestige, Bidault, ministre des Affaires étrangères de Ramadier, estimait que le rôle de la France devait être celui d'un médiateur et, appuyé par le gouvernement, ministres communistes compris, il maintint les exigences françaises en Allemagne. A la Conférence de Moscou sur les affaires allemandes (10 mars-24 avril 1947), il présenta la demande d'un rattachement économique de la Sarre à la France. Mais il se heurta au refus de l'U.R.S.S. Alors Bidault conclut, le 21 avril, avec les représentants de l'Angleterre et des Etats-Unis, un accord par lequel les puissances anglo-saxonnes s'engageaient à fournir à la France du charbon de la Ruhr, laquelle faisait partie de la zone d'occupation anglaise. Cet accord mettait la France dans le camp de l'Ouest, ce qui était très important car la Conférence de Moscou s'acheva par un échec et par la rupture entre l'Est et l'Ouest. Immédiatement les ministres communistes du gouvernement français firent volte-face et, prenant parti pour l'U.R.S.S., donnèrent tort à Bidault d'avoir accepté les propositions anglo-américaines. Après l'affaire de Madagascar, c'était la seconde fois que les ministres communistes rompaient la solidarité gouvernementale.

C) *Les difficultés intérieures.* — Au moment où le gouvernement était déjà ébranlé par ses divisions internes, une difficulté nouvelle apparut soudainement : l'attaque du régime par de Gaulle. Pensant que la détérioration de la situation internationale pouvait amener une troisième guerre mondiale, celui-ci estime que le régime ne pouvait assumer le destin de la France dans cette situation tragique et qu'il était de son devoir de se présenter comme le sauveur de la France. Le 30 mars 1947, à Bruneval, en Normandie, il développa ses critiques contre les institutions et, le 7 avril, il fit connaître qu'il allait fonder un mouvement politique appelé « le Rassemblement du Peuple français « (R.P.F.). Ces propos provoquèrent une réaction défensive dans laquelle se refit l'unité du tripartisme, mais celui-ci était déjà trop ébranlé pour survivre comme allait le montrer la situation économique et sociale.

La reconstruction de l'économie, consécutive aux destructions dues à la guerre, se fit lentement au lendemain de la Libération à cause de l'ampleur de l'œuvre à accomplir et du désordre dans lequel elle était conduite. Pour remédier à ce désordre, on en vint cependant très vite à l'idée d'organiser l'économie par l'intervention de l'Etat, c'est-à-dire à la nécessité d'un Plan. La pression des circonstances, la tendance socialiste ou socialisante des partis appuyant les gouvernements et l'influence personnelle de Jean Monnet, technicien de l'économie et des finances, permirent de faire ce que n'avaient jamais accepté les libéraux de droite ou de gauche avant la guerre. En janvier 1946, le gouvernement de Gaulle créa un Commissariat au Plan dont J. Monnet fut le principal animateur. Le projet élaboré par le Commissariat fut adopté et publié par décret par le gouvernement Blum le 16 janvier 1947. Ce fut le Plan Monnet, qui voulait être un « Plan de Modernisation et d'Equipement ». Mais l'application du Plan supposait des moyens financiers que la France ne possédait pas alors. Les finances de la France étaient en effet dans un état désastreux, notamment à la suite des mesures démagogiques prises par le premier gouvernement provisoire ; ces mesures avaient précipité l'inflation et accéléré la hausse des prix, que ne rattrapait pas la hausse des salaires.

La IVe République hérita de cette situation. Au début de 1947 les choses tendirent même à s'aggraver. La production stagnait, le ravitaillement restait difficile. Il fallut maintenir un rationnement très strict. En même temps, l'inflation déferlait et la hausse des prix continuait, toujours plus forte que celle des salaires. Sur les mesures à prendre, le désaccord régnait dans le tripartisme. Les socialistes, soutenus par les partis situés à leur droite, étaient pour une action sur les prix et le blocage des salaires, alors que les communistes réclamaient la hausse des salaires. Le mécontentement créé par cette situation provoqua, en 1946 et au début de 1947, des grèves qui éclatèrent çà et là, mais que les communistes ne soutinrent pas parce qu'ils étaient au gouvernement. Le 25 avril 1947, une de ces grèves éclata chez Renault, où quinze cents ouvriers arrêtèrent le travail pour une augmentation de salaires. Les délégués communistes de la C.G.T. combattirent d'abord cette grève. Mais quelques jours plus tard, la grève s'étendit. Alors, renversant sa position, la C.G.T. donna l'ordre de débrayer à tous les ouvriers de Renault. En l'occurrence la C.G.T. exprimait la position du P.C. qui avait mis la main sur elle depuis la Libération. C'était donc le P.C. qui avait changé d'attitude : il craignait, en ne soutenant pas la grève Renault, de perdre ce fief qu'étaient pour lui les usines de Boulogne-Billancourt. Mais alors les ministres communistes se trouvaient une fois de plus en désaccord avec les autres membres du gouvernement, qui voulaient le blocage des salaires. Les communistes étant, sur toutes les questions importantes, en désaccord avec leurs partenaires, la preuve était maintenant faite qu'il était impossible de continuer à gouverner avec eux.

3. La rupture avec les communistes. — Le soir du 1er mai, Ramadier convoqua un Conseil des

Ministres pour contraindre les ministres communistes à prendre position sur la politique des salaires et des prix pratiquée par le gouvernement. Thorez, vice-président du Conseil, dit que les ministres communistes se désolidarisaient de la politique du gouvernement. Ramadier décida alors de porter le conflit devant l'Assemblée nationale en posant à celle-ci la question de confiance sur sa politique. Le vote eut lieu le 4 mai. Ramadier obtint la confiance, mais tous les députés communistes, ministres compris, avaient voté contre. Ce sont donc les communistes qui ont rompu le tripartisme. Ce faisant, leur leader, Thorez, pensait que le gouvernement démissionnerait et que le Président de la République l'appellerait pour former le nouveau gouvernement parce que c'étaient les communistes qui avaient provoqué la crise. Mais le soir du 4 mai, Ramadier annonça aux ministres communistes stupéfaits qu'il allait les renvoyer et que le gouvernement se maintiendrait sans eux. Et le 5 mai, le *Journal officiel* publia un décret annonçant que les fonctions des ministres communistes « sont considérées comme ayant pris fin à la suite du vote qu'ils ont émis à l'Assemblée nationale le 4 mai 1947 ». Cette décision de Ramadier, prise après qu'il eut consulté les plus hautes autorités morales de la S.F.I.O., Auriol et Blum, était parfaitement conforme à la Constitution puisque, d'après celle-ci, c'est le Président du Conseil seul, et non ses ministres, qui est investi par l'Assemblée nationale, ce qui laisse au Président du Conseil la possibilité de choisir et de renvoyer les ministres comme il l'entend.

Mais l'essentiel de tout cela était la rupture avec les communistes. Ceux-ci ont toujours accusé Ramadier d'avoir agi sous l'injonction des Etats-Unis, mais sans jamais en apporter la preuve et Ramadier l'a formellement démenti. L'explication communiste n'est donc pas à retenir. Mais si le renvoi des communistes n'était pas dû à une intervention américaine, il n'en était pas moins le reflet de l'évolution de la situation internationale, c'est-à-dire de la coupure entre l'Est et l'Ouest. Ramadier estimait que, la France ayant choisi le camp occidental, il serait contradictoire de maintenir dans le gouvernement un parti que son obédience envers l'Union soviétique plaçait dans le camp oriental.

Mais au-delà de cette cause conjoncturelle de la rupture du tripartisme, il y avait des causes plus profondes à son échec. Pour qu'il eût été une réalité, il aurait fallu qu'il y eût une cohésion entre ses composantes. Or cette cohésion n'a jamais existé. Dès le début, il y eut entre le P.C. et le M.R.P. une méfiance qui se transforma vite en hostilité. Déjà en 1945, le P.C. attaquait le M.R.P. sur la question de l'école libre afin de faire la démonstration que le M.R.P., malgré ses prétentions, n'était pas un vrai parti de gauche. De son côté, la S.F.I.O. ne pouvait pas servir de lien solide entre les deux autres partis, car elle ne s'accordait réellement ni avec l'un ni avec l'autre. Ses cadres militants, en grande partie constitués par des instituteurs très attachés à la laïcité, répugnaient à une alliance avec le M.R.P. Envers le P.C., la S.F.I.O. avait toujours éprouvé de la crainte et de plus elle reprochait aux communistes « leur assujettissement politique et intellectuel vis-à-vis de l'Etat russe » (motion du Congrès S.F.I.O. de 1946).

En somme le tripartisme n'avait été qu'une juxtaposition artificielle née des circonstances du lendemain de la Libération et incapable de leur survivre.

Chapitre II

LA RÉPUBLIQUE DU CENTRE (juin 1947-mai 1954)

I. — La crise de 1947

En 1947, l'exploitation d'une crise économique et sociale par des forces opposées au régime provoqua une véritable crise du régime. L'importance de cette crise vient de ce que, après qu'elle eut mis en cause l'existence de la IVe République, elle donna à celle-ci ses caractères définitifs.

1. La crise économique. — Nous avons vu précédemment que la reconstruction économique de la France se faisait lentement. Faute de moyens financiers, le Plan Monnet n'était qu'une virtualité. Mais la France n'était pas seule à avoir du mal à se relever de ses ruines. Toute l'Europe en était là. Les Etats-Unis prirent alors conscience que le désordre économique et social qui régnait en Europe y créait une situation favorable à l'expansion du communisme. C'est autant pour empêcher cette expansion que par humanitarisme, que, le 5 juin 1947, le général Marshall, responsable de la politique extérieure des Etats-Unis, présenta le projet d'une aide financière américaine massive et régulière qui devait permettre à l'Europe de se relever, à condition que celle-ci fît preuve d'organisation en dressant un bilan de ses ressources et de ses besoins. C'est ce projet qu'on appela le Plan Marshall. L'U.R.S.S., entraînant derrière elle tous ses satellites d'Europe centrale et orientale, le repoussa en l'accusant de porter atteinte à l'indépendance des Etats bénéficiaires. Par contre, seize Etats d'Europe occidentale et méridionale, dont la France, étudièrent en commun les propositions américaines lors d'une Conférence qui se tint à Paris du 12 juillet au 27 septembre. La France acceptait donc le Plan Marshall, ce qui constituait un acte à la fois de politique extérieure et de politique économique. Mais en attendant qu'arrivât l'aide américaine, subordonnée à un vote du Congrès, la situation économique de la France restait très grave.

Les difficultés tenaient en deux faits, d'ailleurs en bonne partie corrélatifs : la cherté de la vie et la pénurie du ravitaillement. A la suite de l'inflation persistante et d'une production et d'une distribution insuffisantes des denrées, les prix montaient fortement. L'indice des prix doubla pendant l'année 1947 tandis que celui du salaire réel baissait. Le ravitaillement était plus difficile que jamais. La grande sécheresse de 1947 y était pour quelque chose, mais aussi la structure même de l'économie. Les exploitations agricoles qui devaient fournir les denrées alimentaires étaient pour la plupart petites et dispersées et il était pour cette raison très difficile de contrôler le marché agricole, ce qui rendait inefficaces les mesures gouvernementales. Enfin les habitudes de marché noir et de spéculation continuaient à sévir. Tout cela eut pour résultat un rationnement très sévère : en août 1947, la ration de pain tomba à son niveau le plus bas depuis 1940. Devant cette misère, le mécontentement populaire s'exprima par une vague de grèves. Celles-ci secouèrent sporadiquement beaucoup de secteurs pendant tout l'été.

Vu par le gouvernement, ce mouvement de grèves était, selon le mot célèbre de Ramadier, l'œuvre du « chef d'orchestre clandestin », expression qui désignait le P.C. Il serait plus exact de parler d'une exploitation des grèves par ce parti, surtout quand celui-ci fut dans l'opposition. La situation économique et sociale constituait en tout cas la toile de fond sur laquelle se développaient les oppositions au régime.

2. **La double opposition au régime.** — A) *L'opposition gaulliste.* — Dès la fondation du R.P.F., le général de Gaulle passa à l'action, c'est-à-dire à l'attaque du régime. Dans l'été de 1947, il parcourut la France et, de discours en discours, il se fit plus âpre, plus combatif. De Gaulle menait son combat contre deux adversaires : « Le régime des partis », c'est-à-dire la IVe République, dont il dénonçait l'inefficacité, et les communistes, qu'il qualifia de « séparatistes », parce que, selon lui, ils s'étaient séparés de la communauté nationale par leur soumission à l'U.R.S.S. Les remèdes qu'il préconisait devinrent les grands thèmes du R.P.F. : nécessité d'un Etat fort, antiparlementarisme, nationalisme, anticommunisme. A cause de ces thèmes, certains historiens rangent le R.P.F. à droite. C'est une appréciation discutable. Les thèmes qu'il développait ne sont en effet pas propres à la droite : depuis le jacobinisme, il y eut toujours en France une gauche autoritaire et nationaliste et, en 1947 et dans les années suivantes, l'anticommunisme n'était pas l'apanage de la droite. De plus, la plupart des personnages importants du R.P.F. étaient des hommes de gauche. Enfin, la droite resta toujours indépendante du mouvement gaulliste, preuve qu'elle ne se reconnaissait pas en lui. Au plus on peut dire

que le R.P.F. avait, comme son homologue du siècle précédent, le bonapartisme, un versant à droite et un versant à gauche. C'est pourquoi il mordit sur l'électorat de droite et sur celui de gauche, comme le montra son premier grand succès électoral, les élections municipales d'octobre 1947. Celles-ci, qui lui valurent 40 % des voix, furent pour lui un véritable triomphe. A Paris, il obtint la majorité absolue et il s'empara des municipalités des treize plus grandes villes de France, enlevant notamment la municipalité de Marseille aux communistes et celle de Lille aux socialistes, ce qui montre bien que ses voix ne se situaient pas toutes à droite. Fort de ce succès, de Gaulle adressa au gouvernement un véritable ultimatum exigeant la dissolution immédiate de l'Assemblée nationale. Il espérait que de nouvelles élections législatives amèneraient le triomphe du R.P.F. au Parlement et lui donneraient aussi le moyen de changer de régime. Pour de Gaulle, la situation de la France en 1947 était un tremplin qui devait lui permettre de revenir au pouvoir par les voies légales.

B) *L'opposition communiste.* — Quand les ministres communistes furent renvoyés du gouvernement le 4 mai, le P.C. ne crut pas d'abord à une rupture définitive. Il avait pris goût au pouvoir et espérait y revenir bientôt. S'il encouragea les grèves de l'été 1947, c'était pour montrer qu'il était nécessaire de le rappeler. Et, le 26 juillet, Thorez approuva même le Plan Marshall. Ce qui changea tout, ce fut la réunion en Pologne, du 22 septembre au 3 octobre, des délégués de neuf partis communistes, ceux de l'U.R.S.S., des démocraties populaires, de France et d'Italie. Au cours de cette réunion, l'attitude du P.C. français fut vivement critiquée comme vile et opportuniste. Il lui fut reproché d'avoir voulu rester dans la légalité, de n'avoir pas fait la révolution, de s'être mis à croire au parlementarisme. Le délégué soviétique Jdanov, porte-parole de Staline, expliqua que le Plan Marshall a achevé la coupure du monde en deux blocs et que le rôle des partis communistes était de prendre la tête de la lutte contre le plan américain. La Conférence s'acheva par la formation d'un « Bureau d'information communiste » appelé Kominform, qui était une reconstitution du Komintern, mais uniquement à l'échelle européenne et sous une dépendance plus directe encore de l'U.R.S.S.

A la réunion du Comité central du P.C., les 29 et 30 octobre, Thorez fit son autocritique et le P.C. se rallia aux thèses et aux consignes du Kominform. Il allait alors entreprendre la lutte à outrance contre ce qu'il appelait « le parti américain », expression qui englobait aussi bien les partis gouvernementaux que le R.P.F. En fait le P.C. entrait dans une phase de lutte violente contre le régime. Par l'intermédiaire de la C.G.T., il soutint une grève générale et des émeutes à Marseille, à partir du 12 novembre, et la grève dans tout le bassin minier du Nord et du Pas-de-Calais à partir du 17 novembre.

Au total, en cet automne de 1947, le régime était donc pris sous les feux d'une double opposition, celle du R.P.F. et celle du P.C.

3. La naissance de la troisième force. — Pour sauver le régime, Guy Mollet, secrétaire général de la S.F.I.O., préconisa à la fin d'octobre la formation de ce qu'il appela une « troisième force », formée par « les républicains d'obédience française ». Mais il en voulait à Ramadier et ne le croyait pas capable de rassembler cette force. Il lui porta le coup de grâce en déclarant le 19 novembre, sans que Ramadier eût démissionné, que Blum acceptait d'être Président du Conseil. Au soir de ce jour, Ramadier démissionna sans avoir été renversé, donc dans des conditions non prévues par la Constitution.

Blum échoua parce que des hommes de droite et des radicaux n'admirent pas que, dans sa déclaration d'investiture, il mît sur le même pied de Gaulle et les communistes. Alors Auriol fit appel à Robert Schuman. Député modéré de la Moselle entre les deux guerres, celui-ci s'était rallié au M.R.P. après la Libération. Selon Auriol, ce Lorrain modéré et catholique était bien placé pour attirer au régime les fidèles de l'Eglise catholique et, par là, pour faire barrage à de Gaulle. Tirant la leçon de l'échec de Blum, R. Schuman ne parla pas de de Gaulle dans sa déclaration d'investiture et, le 24 novembre, il fut très largement investi. Il composa aussitôt un gouvernement formé principalement de M.R.P. et de socialistes, mais où, outre un U.D.S.R. (Mitterrand), on trouvait plus de radicaux que dans les ministères précédents et deux modérés. Ainsi le gouvernement Schuman accentuait la remontée des radicaux et amorçait l'entrée de la droite classique dans le régime. Comme les socialistes et le M.R.P. ne pouvaient former à eux seuls la majorité, il leur avait bien fallu admettre les radicaux et les modérés à leurs côtés s'ils ne voulaient pas voir le régime s'effondrer. Mais du même coup la troisième force se présentait comme groupant tous les partisans de la démocratie libérale, caractérisée par le régime parlementaire et le multipartisme et présentée, dans les déclarations de R. Schuman, comme avant tout menacée par les communistes. Donc la troisième force, axée au centre gauche, avait pour véritable ciment l'anticommunisme. On allait immédiatement le voir dans les faits.

4. **L'affrontement avec les communistes.** — Pendant que se formait le gouvernement et dans les jours suivants, la grève s'étendit à une large partie du secteur public et privé. A la fin de novembre il y avait trois millions de grévistes. Il s'agissait maintenant d'une grève révolutionnaire encouragée ou provoquée par les communistes. Le 27 novembre, la C.G.T. annonça la formation d'un Comité national de grève qui groupait dix-huit fédérations entièrement aux mains des communistes. Dans le Nord, des dirigeants communistes allaient probablement au fond des choses quand ils déclaraient : « Nous avons raté notre coup à la Libération ; cette fois il faut tenir. » Les grèves s'accompagnèrent d'actes de violence : il y eut des émeutes à Marseille et dans le Nord ; dans certaines régions, des sévices corporels furent exercés contre ceux qui ne voulaient pas faire grève ; des bâtiments publics furent pris d'assaut, des fabriques d'armes occupées, des lignes téléphoniques coupées ; sur les voies ferrées des sabotages provoquèrent des déraillements meurtriers. C'était le grand assaut communiste.

Mais le gouvernement Schuman fit face à cette insurrection avec une grande vigueur. Le Président du Conseil déclara qu'en aucun cas le gouvernement ne cèderait à l'émeute. Le ministre de l'Intérieur, le socialiste Jules Moch, conduisit la lutte avec énergie et méthode, comme un stratège. Il restaura l'autorité des préfets, dont certains étaient débordés ; il épura les C.R.S. des éléments communistes qui y avaient été introduits depuis la Libération ; il fit intervenir la police et la troupe contre les émeutes. Le 25 novembre, le gouvernement déposa sur le bureau de l'Assemblée nationale des projets de lois de « défense républicaine », qui devaient lui permettre de rappeler des réservistes et prévoyaient des peines contre les auteurs de violences ou d'atteintes contre la liberté du travail. Au cours du débat qui s'ensuivit, les députés communistes se déchaînèrent en injures contre R. Schuman et J. Moch et recoururent aux procédés d'obstruction pour paralyser le débat. Mais finalement les projets gouvernementaux furent votés dans leurs grandes lignes.

L'énergie du gouvernement produisit son effet. Les communistes se rendirent compte qu'ils n'auraient pas le dessus. De plus l'opinion s'inquiétait des sabotages et désapprouvait la violence. Enfin la grève s'essoufflait. Les travailleurs comprirent qu'ils n'avaient rien à gagner eux-mêmes à poursuivre la grève et beaucoup d'entre eux se mirent à ne plus suivre les consignes de la C.G.T. communiste. La grève ne faisait qu'aggraver la misère et le froid qui commençait à sévir. Mais, le 9 décembre, le Comité national de grève donna l'ordre de la reprise du travail. C'était un aveu de défaite.

Les conséquences des événements de l'automne 1947 furent nombreuses et très importantes. Le syndicalisme en sortit affaibli car la minorité non communiste de la C.G.T. fit scission et, en décembre, fonda un nouveau syndicat, Force ouvrière. Sur le plan politique, la troisième force a montré son efficacité. Se sentant forte de son succès dans la lutte contre le communisme, elle ne céda pas à l'ultimatum gaulliste de dissolution de l'Assemblée nationale. Elle a donc montré sa capacité de naviguer entre l'écueil gaulliste et l'écueil communiste et, ce faisant, elle a sauvé la IVe République. Enfin le P.C. était rejeté par tout le reste de la nation. Son passage, sous l'injonction de Moscou, à l'opposition au régime entraîna pour lui une longue période d'isolement.

II. — La troisième force

1. **Causes du maintien de la troisième force.** — Née des circonstances de l'automne de 1947, la troisième force allait se maintenir au pouvoir pendant quatre ans, jusqu'au début de 1952. Il y avait à cela des causes profondes, qui d'ailleurs étaient les mêmes que celles de sa naissance.

Il y eut d'abord des circonstances extérieures qui vinrent aggraver l'idée qu'on se faisait du danger communiste. De la fin de 1947 à l'été de 1949, l'alignement des démocraties populaires sur l'U.R.S.S., la dissolution dans ces pays des partis d'opposition et la liquidation de leurs dirigeants par l'emprisonnement ou l'exécution, le « coup de Prague », le blocus des zones occidentales de Berlin par les troupes soviétiques, apparurent aux Français, comme à tous les Occidentaux, comme des manifestations de l'impérialisme soviétique. Devant celui-ci, les Français réagirent par crainte d'une nouvelle invasion et du régime qui en résulterait. Il ne faut pas oublier que des ouvrages comme *Le zéro et l'infini* de Koestler et *J'ai choisi la liberté* de Kravchenko ainsi que les témoignages de nombreux réfugiés des pays de l'Est firent connaître les horreurs des camps de concentration soviétiques. Le régime communiste apparaissait comme étant nécessairement le régime stalinien. De cela, tous ceux qui n'étaient pas communistes ne voulaient pas par attachement à la liberté et à un certain mode de vie. Les socialistes en particulier ne voulaient pas avoir le sort des sociaux-démocrates des démocraties populaires. Or l'arrivée au pouvoir des communistes en France apparaissait, à cause de leur soumission à l'U.R.S.S. et de leur exaltation de Staline, comme l'avènement du régime stalinien. Et au cours de 1948, la volonté des communistes d'arriver au pouvoir par l'insurrection sembla s'exprimer par leur rôle dans de nouvelles grèves. Bref l'impérialisme soviétique et l'action des communistes français développèrent en France, de 1947 à 1949, un anticommunisme qui contrastait fort avec la soviétophilie des lendemains de la Libération.

Certes le R.P.F. se présentait lui-même comme le plus efficace adversaire du communisme. Il attaquait celui-ci en paroles et en actes : il y eut des bagarres, parfois sanglantes, entre ses troupes de choc et celles du P.C. Mais en même temps de Gaulle continuait à attaquer la IVe République : il fustigeait les partis de la troisième force ; les hommes politiques qui s'opposaient à lui étaient rejetés dans les ténèbres extérieures ; hors de lui il n'y avait pas de salut. Sans doute le R.P.F. restait dans la légalité et il attendait son succès des élections. Aussi il agaçait le gouvernement plus qu'il ne l'inquiétait vraiment. Mais ses thèmes et certains aspects de son comportement obligeaient le régime à se défendre contre lui. Toujours attaqués sur deux fronts, les partis de la troisième force étaient bien obligés de rester unis s'ils voulaient sauver la IVe République ; selon l'expression d'un de leurs leaders, H. Queuille, ils étaient « condamnés à vivre ensemble ».

2. **La vie politique.** — Il serait dénué d'intérêt de raconter dans l'ordre chronologique les péripéties de la vie politique au temps de la troisième force. Mieux vaut dégager les traits caractéristiques de

cette vie politique car cela permettra de saisir la physionomie de la IVe République à cette époque.

A) *Les difficultés internes de la troisième force.* — L'union au sein de la troisième force se limitait à la crainte de ses adversaires. Quand il ne s'agissait plus de faire face à ceux-ci, les partis qui la composaient s'accordaient mal ou même ne s'accordaient plus du tout. La troisième force connaissait en effet de graves difficultés internes.

Il était en particulier très difficile aux socialistes de rester dans la troisième force. Unis aux autres membres de celle-ci par l'antigaullisme et l'anticommunisme, ils en différaient par tout le reste, notamment par leur attachement à la laïcité et par leurs conceptions économiques, financières et sociales. S'ils faisaient partie des gouvernements de troisième force, ils n'avaient qu'une envie : les renverser. C'est d'ailleurs ce qu'ils firent puisqu'ils furent à l'origine de presque toutes les crises ministérielles jusqu'à la fin de la législature en 1951. De plus un fait est significatif : il n'y eut pas un seul Président du Conseil dans les gouvernements de troisième force. La raison en est qu'il n'y avait pas de majorité pour l'investir. C'était une des manifestations du glissement à droite qui se produisit alors.

La remontée des radicaux et des modérés s'explique d'abord par un changement de la conjoncture politique. La rupture du tripartisme exigea la recherche de l'appui des partis qui se trouvaient hors de lui pour constituer une majorité. De plus l'anticommunisme valorisa les tendances qui, sans être attirées par le gaullisme, étaient les plus opposées au communisme, en l'occurrence le Parti radical et la droite classique, libérale et conservatrice. Plus particulièrement, au temps de la troisième force, on assista à la consolidation de cette dernière. Elle surmonta alors le morcellement qui lui avait porté préjudice lors des élections de 1945-1946. Sous l'impulsion du dynamique sénateur de la Côte-d'Or Roger Duchet, les partis qui la composaient se groupèrent par étapes, en 1948 et en 1951, en une formation appelée le Centre national des Indépendants et Paysans (C.N.I.P.), dont les membres furent couramment appelés les indépendants. Il s'agissait par là de donner plus de cohésion à la droite pour qu'elle eût plus de poids dans la troisième force et pour mieux la préserver de l'attraction que le R.P.F. exerçait sur certains de ses membres.

Entre les deux composantes précédentes de la troisième force, la S.F.I.O. d'une part, les radicaux et la droite de l'autre, flottait le M.R.P. Celui-ci contenait en lui toutes les contradictions de la troisième force. Proche de la S.F.I.O. par ses conceptions économiques et sociales, il était, comme la droite, attaché à la liberté de l'enseignement. Quant au petit groupe de l'U.D.S.R., on ne savait s'il fallait le classer au centre ou à gauche : cela dépendait des personnalités dominantes du parti, respectivement R. Pleven et F. Mitterrand. Mais étant donné la position charnière de l'U.D.S.R. dans la majorité, on était toujours obligé de prendre des ministres, voire le Président du Conseil (Pleven), dans ce groupe.

A cause des divisions internes de la troisième force, les gouvernements issus de celle-ci ne reposaient que sur des majorités précaires qui se disloquaient selon l'humeur des partis ou même de quelques députés. Et cela explique pour une bonne part le fonctionnement des institutions.

B) *Le fonctionnement des institutions.* — Le plus souvent le fonctionnement des institutions au temps de la troisième force ne correspondit pas à la Constitution de 1946. Celle-ci avait cru assurer la stabilité gouvernementale. On eut au contraire l'instabilité. En moins de quatre ans, de novembre 1947 à juin 1951, il y eut huit gouvernements, dont deux ne durèrent que deux jours. On en revenait à ce que la IIIe République avait eu de pire. La cause de l'instabilité était dans la dislocation de la majorité à la suite des divisions internes de celle-ci. De plus, les procédures prévues par la Constitution n'étaient le plus souvent pas respectées. Ainsi, à une exception près, les Présidents du Conseil démissionnèrent sans avoir été mis en minorité par l'Assemblée nationale ; certains formèrent leur gouvernement avant d'avoir sollicité l'investiture ou sollicitèrent une seconde investiture après avoir constitué leur gouvernement, croyant par là consolider leur position parlementaire. Dans ce cas c'était la manœuvre tactique qui commandait. On le vit aussi sur d'autres points. En décembre 1948, à la veille du renouvellement du Conseil de la République, le Président du Conseil fit modifier le mode d'élection de cette assemblée afin de réduire la représentation communiste : on en revint au collège électoral qui, sous la IIIe République, avait fait du Sénat le représentant des petites et moyennes communes. La ressemblance avec l'ancien Sénat fut encore accentuée par la décision des membres du Conseil de la République, en 1948, de reprendre le nom de sénateurs.

Autre fait qui rappelle aussi la IIIe République : à travers l'instabilité gouvernementale, la stabilité des ministres. D'un gouvernement à l'autre, le Président du Conseil changeait, mais on retrouvait les mêmes hommes comme ministres et souvent aux mêmes postes. On remarque particulièrement la présence de trois hommes dans tous les gouvernements et, pour deux d'entre eux, aux mêmes postes. De 1948 à 1951, le M.R.P. R. Schuman resta constamment aux Affaires étrangères et le socialiste Moch à l'Intérieur. C'était la garantie respectivement d'une politique extérieure occidentale et d'une défense énergique contre le communisme. Le troisième semblait indispensable : c'était le radical Queuille. Ce médecin de campagne, « le bon docteur Queuille », représentait la Corrèze comme député ou sénateur radical de façon continue depuis 1914. Ayant appartenu à de nombreux gouvernements avant 1939, c'était un parfait représentant de la IIIe République. De 1948 à 1951, il fut présent dans tous les ministères, dont trois fois comme Président du Conseil. Son expérience, son habileté, sa modération l'imposèrent. Parce qu'il dit un jour qu'il fallait « retarder la solution des problèmes jusqu'à ce qu'ils aient perdu leur importance », on a fait de lui l'incarnation de l'immobilisme. Mais il faut plutôt voir dans son attitude le moyen qui permit à la troisième force et, à travers elle, à la IVe République, de durer. Il pensait qu'il valait mieux maintenir la troisième force que de voir le régime tomber aux mains de ses adversaires. C'était aussi l'avis du Président de la République et il œuvra dans ce sens.

Car V. Auriol ne conçut pas la Présidence de la République comme une sinécure décorative. D'abord il donna de la présence à sa fonction : il voyageait beaucoup à travers la France et l'Union française, prononçait des discours, était accueillant. Ce qui est plus important encore, il donna du poids à la Présidence de la République. Grâce à son expérience et par l'usage habile qu'il fit de ses prérogatives constitutionnelles, il réussit à faire de la Présidence, comme il le dit lui-même, « une magistrature morale d'influence et de persuasion ». Cette influence s'exerça par le choix des présidents du Conseil et par l'attitude d'Auriol au Conseil des Ministres. Ici il arbitrait, suggérait, orientait la décision. Il surveillait de près la politique étrangère, faisant strictement respecter son droit constitutionnel à être « tenu informé » des affaires diplomatiques. La personnalité et l'habileté d'Auriol donnèrent à l'exécutif sous la IVe République un rôle bien plus grand que sous la IIIe République.

Mais pour tout le reste, le fonctionnement des institutions constituait un retour à la IIIe République. Tout se passait comme si les 3,6 % d'électeurs qui, en octobre 1945, avaient montré leur attachement à la IIIe République l'avaient finalement emporté sur les 96,4 % qui l'avaient condamnée. Les circonstances et les hommes en étaient la cause.

C) *Les élections de 1951.* — En 1950, année qui précédait les élections législatives, la majorité de troisième force se trouva devant le problème qui est celui de toute majorité en pareil cas : assurer son retour. Pour cela il faut trouver le régime électoral adéquat. En l'occurrence, la troisième force devait chercher le moyen d'affaiblir la représentation de ses adversaires, le P.C. et le R.P.F. Après des mois de débats, elle crut avoir trouvé la solution par la loi des apparentements votée en mai 1951. Les apparentements étaient des alliances électorales entre les listes présentées par deux ou plusieurs partis. Si l'ensemble des listes apparentées obtenait la majorité des suffrages exprimés, ces listes se partageaient la totalité des sièges de la circonscription proportionnellement à leurs résultats respectifs. S'il n'y avait pas d'apparentements ou si les listes apparentées n'obtenaient pas la majorité, la répartition se ferait à la représentation proportionnelle. La troisième force espérait que les partis qui la constituaient s'apparenteraient et battraient ainsi leurs adversaires. Dès que la loi fut votée, le Président du Conseil H. Queuille décida la fin anticipée de la législature et fixa les élections en juin au lieu de novembre.

Malgré ses divisions internes, la troisième force réussit à appliquer largement le système des apparentements. De son côté de Gaulle déploya une grande activité dans la campagne électorale, allant prononcer des discours lui-même dans de nombreuses villes. Le R.P.F., qui attendait depuis quatre ans les élections, en espérait un grand succès : il comptait sur 200 sièges.

Le résultat des élections du 17 juin 1951 fut un triomphe pour les apparentés puisqu'ils obtenaient 400 sièges sur 625. Mais c'était un triomphe apparent puisqu'ils n'obtenaient que 51 % des voix. Le système des apparentements avait donc gonflé artificiellement le succès de la troisième force. En contrepartie, les communistes, malgré le maintien de leurs 5 millions de voix, subissaient un désastre quant à la représentation, tombant de 183 à 111 sièges. Le R.P.F., quoiqu'il fût le deuxième parti par le nombre des voix, n'avait que 117 sièges. Le grand vaincu était le M.R.P. qui perdait la moitié de ses voix et de ses sièges au profit du R.P.F. et des Indépendants. Au total on était loin de la grande poussée à gauche du lendemain de la Libération et la remontée de la droite classique et de ses voisins radicaux déplaçait le centre de gravité de la troisième force plus à droite. Cela allait contribuer à rendre son existence plus difficile et sa victoire électorale précéda de peu sa rupture. Le moment est donc venu d'étudier son œuvre.

3. La politique économique, financière et sociale. — A) *La fin de la reconstruction et la modernisation de l'économie.* — Les grandes réformes de structures de la Libération ont créé un vaste secteur d'économie publique et ont donné à l'Etat le contrôle d'une grande partie des institutions financières. L'Etat est donc devenu le principal producteur, le principal employeur, le principal investisseur. Par l'adoption du Plan de Modernisation et d'Equipement, il pouvait de plus orienter l'économie privée en lui faisant admettre des objectifs à atteindre et en l'y aidant financièrement. L'arrivée et le maintien au pouvoir de la troisième force ne changèrent pas cet état de choses. Si la troisième force se définissait par un attachement au libéralisme politique, elle ne signifiait en effet pas pour autant un retour au libéralisme économique intégral. Sans doute certains de ses membres, les radicaux et les modérés, étaient-ils partisans du libéralisme économique. Mais ils étaient associés au M.R.P. et à la S.F.I.O., qui voulaient maintenir les nationalisations, le Plan et l'intervention de l'Etat. Et il se fit un partage du pouvoir, en matière économique, entre les uns et les autres. Les radicaux, puis les modérés, détinrent constamment le ministère des Finances, tandis que les ministères des grands secteurs spécialisés de l'économie, Agriculture, Industrie, Commerce, Transports, furent constamment attribués à des « interventionnistes » M.R.P. ou S.F.I.O. Ce fut donc bien l'ensemble de la troisième force qui géra tout ce qui revenait à l'Etat dans l'économie française.

Or la troisième force eut une remarquable politique économique. D'abord elle trouva les moyens de financer le redressement et la modernisation de l'économie en maintenant l'acceptation de l'aide américaine et en faisant adhérer la France, en avril 1948, à l'Organisation européenne de Coopération économique (O.E.C.E.) qui devait répartir les crédits américains entre les pays qui ont accepté le Plan Marshall. En janvier 1948, elle créa l'organisme qui devait financer les investissements économiques, le Fonds de Modernisation et d'Equipement. Celui-ci était alimenté en partie par la « contrepartie » de l'aide américaine, c'est-à-dire la revente des produits fabriqués grâce aux crédits américains, et par les ressources fiscales que l'Etat y affectait. Or l'Etat, c'est-à-dire en l'occurrence la troisième force, investit dans l'économie une partie très importante de ses ressources budgétaires et des sommes que lui apportaient les « correspondants » du Trésor que sont les Caisses d'Epargne, la Caisse des Dépôts et Consignations, les Chèques postaux. Jamais les investissements publics dans l'économie n'avaient été aussi élevés. En 1949, 47 % des investissements nationaux étaient fournis par les fonds publics.

Le résultat, ce fut d'abord l'achèvement de la reconstruction, c'est-à-dire la remise de l'économie à son niveau d'avant-guerre. Cet achèvement s'échelonna, selon les secteurs, entre 1948 et 1950. Un effet appréciable en fut la suppression graduelle des restrictions de tout genre au cours de ces années. Mais en outre, comme le voulait le Plan Monnet, la France se modernisa en se donnant un équipement capable de la faire entrer dans l'économie de l'avenir. L'effort porta surtout sur l'infrastructure, énergie, transports, industries de base. Ainsi, grâce à l'aide américaine et aux fonds français, les Charbonnages furent pourvus d'un matériel d'extraction électrique, les grands barrages sur le Rhône, sur le Rhin, dans les Alpes et dans le Massif central furent construits ou mis en construction. Certes les objectifs du Plan ne furent pas atteints aussitôt que prévu : la date limite du Premier Plan, prévue pour 1950 fut reportée à 1952. Mais à cette date, la production agricole dépassait de 5 % et la production industrielle de 9 % celles de 1929, meilleure année avant la grande dépression des années 30. La France entrait dans le temps de l'expansion. Le travail des Français y était pour beaucoup ainsi que l'esprit d'entreprise d'hommes nouveaux, mais la politique économique de la troisième force fut un facteur décisif. L'accusation d'immobilisme portée contre la troisième force ne résiste pas à l'examen des faits dans le domaine économique.

B) *Les difficultés monétaires.* — Le redressement et l'oriention nouvelle de l'économie française eurent leur revers : elles s'accompagnèrent de graves difficultés monétaires. La période 1945-1949 se caractérise à cet égard par une très forte inflation. Les circonstances du moment eurent leur part dans le processus complexe dont l'inflation était le résultat. Pour expliquer celle-ci il faut tenir compte sans doute de la politique financière démagogique du premier gouvernement provisoire qui, en particulier, n'a pas voulu éponger l'excès de circulation monétaire initiale, mais aussi du déséquilibre entre la lente reprise de la production et la forte demande d'une consommation qui aspirait à redevenir normale à n'importe quel prix, et aussi du déficit budgétaire qui, contrairement à ce que l'on croit souvent, était davantage causé par les dépenses d'investissements que par celles du fonctionnement de l'Etat. L'expression de cette inflation était la forte hausse des prix, dont on peut se faire une idée par l'exemple suivant : si l'on prend comme base 100 l'année 1938, l'indice des prix de détail à Paris passa de 285 en

1944 à 1 817 en 1949. Naturellement la course des salaires après les prix était irrésistible, ce qui accrut encore le processus inflationniste.

La lutte contre l'inflation représentait l'obsession de tous les gouvernements de troisième force, mais ils furent gênés dans cette lutte en partie par les divergences de vues en matière financière entre les partis de la troisième force. Pour mettre un terme à la gestion, réputée mauvaise, des finances publiques par des ministres socialistes ou socialisants au temps des gouvernements provisoires et du tripartisme, les radicaux puis les indépendants exigèrent le ministère des Finances. C'est ainsi que celui-ci fut détenu par les radicaux René Mayer et Queuille, puis d'octobre 1949 à la fin de 1951, constamment par l'indépendant Maurice Petsche. Ces ministres luttèrent contre l'inflation en essayant de rétablir la stabilité de la monnaie et des prix par des mesures d'orthodoxie financière (réduction des dépenses de l'Etat par des suppressions de subventions et augmentation des recettes par l'augmentation des impôts), mais les socialistes s'opposèrent toujours aux économies et l'insuffisance de l'appareil de contrôle ainsi que la dispersion de la production et du commerce entre de multiples petites entreprises et de nombreux petits magasins rendirent difficile la lutte contre la hausse des prix. De plus pour rétablir le cours réel du franc par rapport aux monnaies fortes (le dollar et le franc suisse) et pour faciliter les exportations rendues difficiles par la hausse des prix français, il fallut recourir à la dévaluation. Une première dévaluation au lendemain de la guerre, en décembre 1945, avait défini le franc comme valant 7,6 mg d'or fin, ce qui représentait une valeur de trois fois inférieure au franc de 1939. Trois nouvelles dévaluations au temps de la troisième force (janvier 1948, octobre 1948 et septembre 1949) devaient faire baisser encore de trois fois environ ce franc de 1945 en le ramenant finalement à une valeur de 2,5 mg d'or fin. Une certaine stabilité des prix fut alors retrouvée, mais, à partir de juin 1950, la guerre de Corée, en provoquant une hausse des matières premières, et d'autres circonstances propres à la France que nous retrouverons plus loin provoquèrent la reprise de l'inflation.

C) *Les difficultés sociales.* — Nous avons déjà vu les conséquences sociales de la hausse des prix, notamment sous la forme des grèves de 1947 et de 1948. Mais à partir de cette année le mouvement revendicatif fut affaibli par l'échec de ces grèves et par la division syndicale. La C.G.T. sortit affaiblie de tout cela : ses effectifs tombèrent de 5,5 millions d'adhérents en 1947 à 2,5 en 1952. Elle s'isola aussi des autres syndicats, F.O. et C.F.T.C. (syndicat chrétien), par ses prises de position politique : campagne contre le Plan Marshall puis contre le Pacte Atlantique et le Plan Schuman (dont nous traiterons au paragraphe suivant). Cet affaiblissement du mouvement ouvrier laissa quelque répit aux gouvernements de troisième force, du reste divisés sur la politique sociale. Les socialistes voulaient augmenter les salaires, source continuelle de mésentente entre eux et leurs partenaires qui voulaient surtout lutter contre la hausse des prix et revenir à la liberté des salaires. Depuis la fin de 1939, l'Etat s'était attribué la fixation des salaires. En février 1950, alors que les socialistes venaient de quitter le gouvernement Bidault pour une différence de quelques millions sur le reclassement des fonctionnaires, le gouvernement rétablit la liberté des salaires en ne se réservant plus que la fixation d'un salaire minimum interprofessionnel garanti (S.M.I.G). Les discussions sur les salaires menées alors autour de conventions collectives se déroulèrent dans un climat détérioré par les divergences entre les syndicats et, de ce fait, ne furent pas toujours profitables aux salariés. En 1952, le pouvoir d'achat était loin d'avoir retrouvé son niveau de 1938 : le salaire réel avait encore un retard de 30 % sur les prix. Et comme la reconstruction et la modernisation de l'économie s'étaient surtout faites au profit de l'infrastructure, les Français n'en profitaient encore guère au plan de la consommation. Mais la mise en place d'une infrastructure moderne était une condition indispensable à la modernisation des activités productrices de biens de consommation. Par conséquent la troisième force, en investissant dans l'infrastructure, avait préparé la prochaine amélioration du niveau de vie des Français.

4. **La politique extérieure.** — La politique extérieure de la troisième force fut, pour la plus grande partie, en relations étroites avec ses positions idéologiques et sa politique économique. Son importance vient de ce qu'elle engagea la France dans des ensembles internationaux de large et longue portée.

A) *La peur de l'agression soviétique.* — La troisième force resta d'abord dominée par le souci des précautions et des revendications à l'égard de l'Allemagne. C'est ainsi que malgré l'échec des revendications françaises sur la Sarre à la Conférence de Moscou, les gouvernements Ramadier et Schuman persistèrent à les maintenir et, de septembre 1947 au début de janvier 1948, ils menèrent une politique qui aboutit à l'autonomie politique de la Sarre par rapport au reste de l'Allemagne et à son rattachement économique à la France. Mais, dès l'hiver 1947-1948, la politique française se situa avant tout dans le climat de la guerre froide. L'affermissement, à ce moment, de la tutelle soviétique sur les démocraties populaires et le « coup de Prague » de février 1948 firent naître en France, comme dans toute l'Europe occidentale, la peur d'une agression soviétique sur l'ouest de l'Europe. Tous les dirigeants de la troisième force ressentirent et exprimèrent alors cette crainte qui allait devenir le fondement essentiel de leur politique extérieure. Ils crurent que la France ne serait à l'abri de l'invasion soviétique que si elle était protégée par les Etats-Unis et, quelques jours après les événements de Prague, le ministre des Affaires étrangères Bidault demanda cette protection au général Marshall. Celui-ci répondit dans le même esprit qui s'était manifesté dans l'offre d'aide économique à l'Europe : que l'Europe organisât d'abord sa défense et les Etats-Unis l'aideraient à la renforcer. Aussitôt Bidault et son collègue britannique provoquèrent une réunion à Bruxelles de représentants de la France, de la Grande-Bretagne et du Bénélux. De cette réunion sortit, le 17 mars 1948, le Pacte de Bruxelles qui était une véritable alliance militaire implicitement dirigée contre l'U.R.S.S.

De plus les Anglo-Américains amenèrent la France à aligner sa politique allemande sur la leur. Pour eux il devait y avoir une reconstitution de l'Allemagne parce que sans celle-ci il ne pouvait y avoir de relèvement économique de l'Europe et parce qu'elle serait un obstacle à l'expansion soviétique vers l'Ouest. Bidault, amené à ces vues par réaction à la politique soviétique et par les exhortations de Churchill, souscrivit aux décisions de la Conférence anglo-franco-américaine de Londres (1er juin 1948), qui prévoyaient la réunion d'une Assemblée constituante pour l'ensemble des trois zones alliées d'occupation en Allemagne. C'était le prélude à la réunion de ces trois zones en un ensemble politique qui, en 1949, devint la République fédérale d'Allemagne, reconnue par les trois alliés. Cet abandon de la politique allemande suivie depuis la Libération suscita en France de vives critiques de tous ceux qui, comme de Gaulle, restaient avant tout hostiles à l'Allemagne. Mais les décisions de Londres n'en furent pas moins ratifiées par le Parlement français le 16 juin, à une faible majorité il est vrai. Quelques jours après, le début du blocus des zones occidentales de Berlin par les troupes russes ne fit qu'aviver la crainte d'une invasion soviétique en France et en Grande-Bretagne. Celles-ci lancèrent alors de nouveaux appels au secours aux Etats-Unis, mais le Président Truman ne put engager à fond son pays qu'après sa victoire aux élections présidentielles de novembre 1948.

B) *L'atlantisme.* — Les négociations entre les Etats-Unis et les pays du Pacte de Bruxelles, étendus à d'autres pays de l'Europe de l'Ouest et au Canada, aboutirent à la signature, à Washington, du Pacte Atlantique le 4 avril 1949. Les puissances signataires se garantissaient une aide militaire mutuelle en cas d'agression contre l'une d'elles, l'agresseur implicitement envisagé étant l'U.R.S.S. L'alliance ainsi conclue conduisit à la mise sur pied d'un organisme appelé l'Organisation du Traité de l'Atlantique Nord (O.T.A.N.), dont le grand quartier général fut installé en France, à Rambouillet. Mais étant donné le poids spécifique des Etats-Unis parmi leurs alliés, le Pacte Atlantique conduisait à l'influence prédominante des Etats-Unis dans la politique des pays du pacte. La France se trouvait donc intégrée dans un système à prédominance américaine. C'est ce qu'on appela l'atlantisme, qui caractérisait ainsi la politique extérieure de la troisième force. Cela se traduisait concrètement par la présence de bases américaines en France et par la fourniture, par les Etats-Unis, d'un équipement moderne à l'armée française. La troisième force fut conduite à cette politique par la position géographique de la France, qui se trouvait à portée des troupes soviétiques stationnées en Allemagne de l'Est, et par le choix, déjà exprimé par l'acceptation du Plan Marshall, de ranger la France dans le « monde libre. » A l'exception des communistes, l'atlantisme fut approuvé par le plus grand nombre des Français, y compris par le R.P.F.

C) *La construction européenne.* — La construction européenne, c'est-à-dire la formation d'une fédération des Etats européens, déjà envisagée par certains dans l'entre-deux-guerres, retrouva vigueur au lendemain de la seconde guerre mondiale. Il sembla alors que cette construction pourrait éviter une nouvelle guerre qui, comme les précédentes, n'amènerait que désastres et ruines chez tous les belligérants. En France ce projet de construction européenne trouva un écho favorable surtout au temps de la troisième force et particulièrement auprès de la S.F.I.O. et du M.R.P. La S.F.I.O., théoriquement internationaliste, y voyait un moyen de dépasser le cadre national. Le M.R.P., qui se trouvait des affinités avec les démocrates chrétiens au pouvoir en Italie et, à partir de 1949, en Allemagne de l'Ouest, voyait dans la parenté entre les partis jouant un grand rôle dans trois grands pays d'Europe, une occasion à saisir pour construire celle-ci. De plus, comme ils l'ont montré à propos du Plan Marshall et de la défense de l'Europe, les Etats-Unis étant favorables à la construction européenne, c'est-à-dire à l'union des pays qui n'étaient pas sous domination soviétique, parce qu'ils y voyaient le moyen d'arrêter la progression du communisme dans ces pays et de les mettre à l'abri d'une invasion soviétique. Et finalement, pour tous les partisans de l'Europe, l'anticommunisme fut un stimulant.

C'est en grande partie sur des initiatives françaises que fut réalisée, en 1949, la première organisation européenne. Ce fut le Conseil de l'Europe, siégeant à Strasbourg. Le rouage principal de cet organisme était une assemblée consultative formée de délégués des Parlements de tous les pays « libres » d'Europe. Cette Assemblée étant, comme son nom l'indique, purement consultative, ses débats restèrent souvent académiques. L'Europe politique était née, mais elle était inefficace.

Il sembla alors à J. Monnet, conseiller technique du ministre des Affaires étrangères R. Schuman, qu'il serait plus réaliste de construire l'Europe dans un domaine concret, celui de l'économie, et, puisque l'Angleterre s'y refusait, de se tourner pour cela vers l'Allemagne. Cette idée fut admise par Schuman parce que le chancelier de l'Allemagne de l'Ouest, K. Adenauer, sut gagner sa confiance. J. Monnet élabora alors un Plan que Schuman fit connaître dans une conférence de presse tenue le 9 mai 1950 et qui, pour cette raison, porte le nom de « Plan Schuman ». Ce plan proposait une action dans un domaine décisif : placer la production française et allemande du charbon et de l'acier sous une haute autorité commune, nommée par les gouvernements des deux pays, et qui aurait pour rôle de moderniser la production du charbon et de l'acier, de fournir ces deux produits à des conditions identiques sur les marchés français et allemand et d'en régler le commerce avec les autres pays. Ainsi tout ce qui concernait deux produits qui étaient la base des industries de guerre relevait d'une autorité supranationale et les auteurs du Plan voyaient par là un moyen de garantir la paix en Europe. D'autres pays pouvaient adhérer à l'organisation prévue par le Plan Schuman, mais celui-ci était avant tout fondé sur la réconciliation franco-allemande considérée comme le vrai point de départ de la construction européenne. Il fit l'objet d'un traité créant la Communauté européenne du Charbon et de l'Acier (C.E.C.A.), signé le 18 avril 1951 par la France, l'Allemagne et les autres pays qui adhérèrent à la Communauté (Italie, Bénélux). Ce traité fut ratifié par le Parlement français en décembre 1951 avec une majorité de troisième force puisque les opposants furent le P.C., hostile à toute construction « occidentale », et le R.P.F., dont le nationalisme intransigeant n'admettait pas l'idée de supranationalité.

Mais sur la question allemande, la France fut amenée à aller beaucoup plus loin qu'elle ne le souhaitait, et cela dans le domaine militaire. Quand, en juin 1950, la guerre de Corée obligea les Etats-Unis à engager une partie de leurs forces en Asie et fit craindre un moment une troisième guerre mondiale, ils voulurent renforcer l'O.T.A.N. en comblant le vide que constituait une Allemagne désarmée par le réarmement de celle-ci. Alors le gouvernement français se trouva dans une position difficile : il ne pouvait ni résister aux Etats-Unis ni admettre un réarmement allemand qu'il redoutait encore. Le 24 octobre 1950, le Président du Conseil R. Pleven présenta une solution à ce problème dans un Plan qui porte son nom. Le Plan Pleven prévoyait qu'il y aurait une armée européenne, constituée de contingents fournis par les divers pays d'Europe occidentale et dans laquelle seraient intégrées des unités allemandes. Ainsi il n'y aurait pas d'armée allemande proprement dite. L'armée européenne serait placée sous un commandement supranational, de telle sorte qu'il n'y eût pas non plus de commandement allemand. C'était donc encore une solution européenne qui était envisagée et elle devait aboutir à créer une Communauté européenne de Défense (C.E.D.) Mais la C.E.D. allait susciter en France un débat passionné et les négociations qui devaient la mettre sur pied furent très longues et n'aboutirent qu'après la rupture de la troisième force.

Au total la troisième force avait mené une politique extérieure cohérente et continue, liée à l'anticommunisme qui faisait avant tout son unité. C'était aussi une politique novatrice par sa large participation à la construction européenne. Dans ce domaine également on ne peut parler d'immobilisme.

5. **La rupture de la troisième force.** — Quand, le 11 juillet 1951, le gouvernement en place au moment des élections donna sa démission, on assista à un paradoxe : malgré l'écrasante supériorité qu'elle avait quant au nombre de sièges à l'Assemblée nationale, la coalition des apparentés eut le plus grand mal à devenir une majorité parlementaire. Il y eut une crise ministérielle d'un mois avant que Pleven fût investi. Les divisions internes de la troisième force l'emportaient maintenant sur son unité. La cause profonde de ce revirement était le changement de la situation intérieure et extérieure qui avait donné naissance à la troisième force et

assuré son maintien pendant quatre ans. Sur le plan intérieur, le régime ne semblait plus immédiatement menacé parce que le R.P.F. n'avait pas obtenu le résultat que pouvait laisser prévoir le raz de marée gaulliste de 1947-1948 et parce que le P.C. n'avait pas renouvelé ses vaines insurrections de 1947-1948 et avait vu sa représentation au Parlement fortement diminuée. Sur le plan extérieur, la guerre froide, malgré les événements de Corée, ne s'était pas transformée en guerre chaude. Aussi, ne craignant plus ses adversaires et ne redoutant plus une invasion de la France, la troisième force allait maintenant éclater après quelques difficiles et précaires tentatives de la reconstituer.

La rupture se produisit sur des questions de politique intérieure qui prirent le devant de la scène malgré de très graves problèmes comme ceux posés par l'armée européenne et l'Union française. La première divergence au sein de la troisième force vint du réveil de la question scolaire. L'enseignement libre, qui traversait alors de si graves difficultés financières qu'il avait du mal à rétribuer ses maîtres, demandait une aide financière à l'Etat pour que la liberté de l'enseignement fût une liberté « réelle ». Dès l'ouverture de la session parlementaire, au mois d'août, le R.P.F. demanda l'examen de la question scolaire à la fois pour honorer les engagements qu'il avait pris au cours de la campagne électorale et pour faire éclater au plus tôt la troisième force. Ce fut l'occasion d'un débat qui dura deux mois et fut marqué par des interventions passionnées, particulièrement de la part des socialistes. Le fond du débat était de savoir si les finances de l'Etat pouvaient servir à l'enseignement privé. La gauche dans son ensemble déclara que c'était contraire à la laïcité de l'Etat et de l'école. Du coup la gauche se regroupait sur le vieux thème de la défense de la laïcité et les catholiques et leurs alliés tactiques sur celui de la défense de l'école libre. Alors qu'il allait falloir accueillir 900 000 écoliers nés en 1946 à la rentrée toute proche sans que rien eût été prévu pour cela, on retombait dans un débat idéologique du XIXe siècle. Ce débat se termina le 21 septembre par le vote de la loi Barangé (du nom d'un député M.R.P. qui avait participé à son élaboration). Pour essayer de satisfaire tout le monde, cette loi accordait une aide financière de l'Etat à tous les établissements primaires, aussi bien publics que libres, et comme l'enseignement public avait des effectifs cinq fois supérieurs à ceux de l'enseignement libre, il était en fait le grand bénéficiaire de la loi Barangé. Ceci n'empêcha pas la S.F.I.O. et une partie des radicaux et de l'U.D.S.R. de faire bloc avec les communistes pour voter contre cette loi. La troisième force était donc rompue par les socialistes.

Cette rupture se confirma les mois suivants à propos de la situation financière. Celle-ci devenait alors extrêmement grave. Le réarmement consécutif à la guerre de Corée et l'engagement plus à fond dans la guerre d'Indochine s'ajoutant aux autres charges très élevées de l'Etat, la poussée inflationniste réapparut. Tout montait : les prix, les salaires, les déficits. Pour faire face à cette crise, le gouvernement Pleven voulut faire des économies en réduisant le soutien financier de l'Etat à la Sécurité sociale et à la S.N.C.F. Le 7 janvier 1952, il fut renversé parce que les socialistes, qui ne voulaient pas admettre ces économies, se joignirent aux communistes et à une partie du reste de la gauche pour voter contre lui. Son successeur, le gouvernement présidé par le radical Edgar Faure, voulut remédier aux difficultés financières par l'augmentation des impôts, ce que n'admirent pas les indépendants, qui se joignirent au R.P.F. et à une partie des radicaux pour renverser le gouvernement le 29 février. Cette attitude des indépendants succédant à celle des socialistes constitua la rupture définitive de la troisième force.

***

Durant le temps où elle fut une réalité, la troisième force a joué un très grand rôle dans l'histoire de la IVe République. D'abord elle a assuré la survie du régime, ce qui était sa raison d'être initiale et en quoi elle a montré qu'elle était une véritable force. De plus elle a accompli une œuvre très importante tant au point de vue économique qu'en politique extérieure. Elle a en somme montré que le régime pouvait durer et être efficace. Mais elle n'a pas pour autant solidement établi ce régime dans le pays. D'abord le mauvais fonctionnement des institutions, en même temps qu'il facilitait les critiques des adversaires du régime, suscitait dans la masse de l'opinion une indifférence pour des jeux politiques qui paraissaient dénués d'intérêt. En outre, contrairement au Parti républicain lors des débats de la IIIe République, la troisième force n'a pas fourni de fortes personnalités qui, par leur enthousiasme et leur don de convaincre, font naître une large adhésion en faveur d'un régime et de son œuvre. Elle n'a pas donné de Gambetta ou de Jules Ferry à la IVe République. Il en résulta que ce régime ne tira de prestige ni de sa durée ni de son œuvre.

III. — Le Centre droit

1. **L'expérience Pinay.** — La rupture de la troisième force créait une situation grave pour la IVe République. Etant donné la composition de l'Assemblée nationale, il ne semblait plus y avoir de majorité possible. Le président Auriol pensa alors que le seul moyen de sauver le régime était de trouver une majorité nouvelle en suscitant une dissidence au sein de l'opposition gaulliste. Il savait qu'un certain nombre des élus du R.P.F. étaient des notables appartenant à la droite classique, pour qui le gaullisme n'était qu'une étiquette et qui aspiraient à jouer un rôle plus positif qu'une opposition systématique. Celui qui réussit « l'opération dissidence » fut un homme de second plan, Antoine Pinay, appartenant au Parti des Indépendants. A la surprise générale, le 6 mars 1952, Pinay fut investi parce que, aux Indépendants, M.R.P. et radicaux, se joignirent vingt-sept députés gaullistes qui s'étaient reconnus en Pinay. Exclus du R.P.F., ils formèrent un nouveau groupe parlementaire, l'Action républicaine et sociale (A.R.S.). Pinay forma un gouvernement composé d'indépendants, de M.R.P. et de radicaux. Le centre de gravité de sa majorité se trouvait donc au Centre droit.

Quand il devint Président du Conseil, Pinay était peu connu de l'opinion. C'était un notable de province, propriétaire d'une petite entreprise de cuirs et peaux à Saint-Chamond. Maire de cette commune, il représentait aussi le département de la Loire au Parlement depuis 1936 et il vota les pleins pouvoirs au maréchal Pétain en 1940. Depuis 1948, il fit constamment partie du gouvernement, mais à des ministères qualifiés de secondaires. Son investiture a une très grande signification dans l'histoire de la IVe République. Avant tout elle montra que l'exclusive qui pesait sur la droite depuis la Libération était levée. Pour la première fois depuis la fondation du régime, un homme appartenant à la droite classique était chef du gouvernement. De plus, en créant une dissidence dans le R.P.F., Pinay affaiblissait une des oppositions au régime. Enfin ses méthodes de gouvernement et son œuvre constituèrent une nouveauté et elles expliquent l'expression « expérience Pinay ».

Au moment où Pinay fut investi, la situation financière créait une atmosphère de panique : les prix montaient, le franc se dépréciait, les capitaux fuyaient à l'étranger. Montrant qu'il attribuait la priorité à la situation financière, Pinay se chargea du ministère des Finances et sa politique fut avant tout une politique financière, mais menée autant par des moyens psychologiques que par des moyens techniques.

Son premier but fut de rétablir la stabilité des prix et des salaires. Libéral, il n'agit pas par la contrainte mais par la persuasion. Il voulut montrer aux Français que si les prix montaient depuis la Libération, c'était parce qu'on s'était persuadé de la fatalité de la hausse. Il fallait maintenant se persuader qu'une telle fatalité n'existait pas et que la baisse pouvait très bien venir à son tour. L'Etat donna lui-même l'exemple en baissant certains prix qui dépendaient de lui. Le mouvement de baisse était lancé et effectivement les prix baissèrent rapidement. D'ailleurs Pinay montra sa confiance dans la baisse des prix en faisant voter, en juillet 1952, l'échelle mobile des salaires, depuis longtemps réclamée par les socialistes et les communistes, ce qui n'empêcha pas ceux-ci de qualifier sa politique de « réactionnaire ».

D'autre part, Pinay voulut donner des ressources à l'Etat sans recourir à l'augmentation des impôts. A cet effet il lança un emprunt, « le Pinay », à faible taux (3,5 %), mais indexé sur l'or, exonéré d'impôt et de droits de succession. Ces avantages et la confiance que suscita Pinay expliquent le très grand succès de l'emprunt. En même temps, Pinay annonçait l'amnistie fiscale pour les capitaux réfugiés à l'étranger afin de ramener ceux-ci dans l'économie française et compenser ainsi la réduction des investissements de l'Etat, décidée par mesure d'économie pour ramener l'équilibre budgétaire.

Le succès de la politique de Pinay valut rapidement à celui-ci une popularité dont n'avait joui aucun de ses prédécesseurs à la Présidence du Conseil. Mais cette popularité de Pinay était également due à son personnage. Par la simplicité de sa mise et de son langage, par son absence de dons exceptionnels et de traits originaux dans la physionomie, Pinay semblait l'incarnation du Français moyen. Par des causeries à la radio, il s'adressait directement à la population et tenait à celle-ci des propos de bon sens qui lui plaisaient. En un mot, il rassurait. Et cette popularité de Pinay ne tarda pas à profiter au régime au détriment de ses deux oppositions. Ainsi à chaque élection aux conseils d'entreprise, la C.G.T. perdait des voix et lors d'élections partielles à Paris, en juin 1952, le pourcentage des voix du R.P.F. tombe de 24 % à 13,5 %.

Mais après les succès des premiers mois, la politique financière de Pinay connut des difficultés. A la suite d'une épidémie de fièvre aphteuse qui fit des ravages dans le bétail et de la sécheresse exceptionnelle de l'été, il y eut une nouvelle flambée des prix. Alors Pinay, voyant que la persuasion ne suffisait plus, eut recours à des méthodes autoritaires et, en septembre, il décida le blocage des prix. Les difficultés de trésorerie réapparurent et Pinay dut emprunter à des banques suisses. Tout cela servit d'alibi à une opposition parlementaire qui venait en réalité d'autres raisons. Les députés de tout bord ne pardonnaient pas à Pinay sa popularité et l'accusaient de tendre au pouvoir personnel. Aussi pendant le débat budgétaire qui commença en novembre, le gouvernement fut harcelé de toute part, y compris du côté de la majorité. Finalement, ce fut de ce côté que vint le coup de grâce. Dans un débat où était posée la question de confiance, le 23 décembre, le M.R.P. décida de s'abstenir. Alors Pinay, constatant, dit-il, « la défection d'un groupe important de la majorité », donna sa démission bien qu'il n'eût pas été renversé. Le M.R.P. avait abandonné Pinay parce qu'il ne le trouvait pas assez « européen » et surtout parce qu'il avait peur de paraître trop à droite en continuant à le soutenir. L'expérience Pinay n'avait pu durer à cause de l'humeur susceptible et versatile des députés.

2. **La C.E.D. et la vie politique française.** — Les négociations consécutives au Plan Pleven, visant à instituer une Communauté européenne de Défense, aboutirent à la signature à Paris, le 27 mai 1952, du Traité créant la C.E.D. Le gouvernement Pinay avait signé pour la France, les autres signataires étant les représentants des pays déjà engagés dans la construction économique européenne (Allemagne fédérale, Italie, Bénélux). Mais, selon le droit constitutionnel français, un traité n'engageait la France que si, après avoir été signé par le gouvernement, il était ratifié par le Parlement. Pinay n'avait pas proposé au Parlement cette ratification parce qu'il n'était que modérément « européen ». C'était un

signe des difficultés soulevées en France par l'affaire de la C.E.D.

Trois partis avaient une position homogène sur la C.E.D. Le M.R.P. lui était favorable parce qu'il y voyait un moyen de poursuivre la construction européenne, ce qui était alors sa grande préoccupation. Le P.C. lui était hostile parce qu'il voyait dans tout aspect de la construction de l'Europe un moyen de barrer la route au communisme et à l'influence de l'U.R.S.S. Le R.P.F. était également opposé à la C.E.D. parce que, outre qu'il n'admettait pas le réarmement allemand qu'elle comportait, son nationalisme intransigeant ne pouvait tolérer qu'une autorité supranationale décidât de l'emploi de l'armée française.

Les autres partis étaient divisés sur la question de la C.E.D. Celle-ci avait des partisans et des adversaires parmi les modérés et les radicaux. Les socialistes eux aussi étaient divisés. Mais ici ce n'était pas seulement la question du réarmement allemand qui était en cause : certains socialistes, quoique favorables en principe à la construction européenne, étaient hostiles à l'Europe dont les promoteurs étaient les démocrates chrétiens de France, d'Allemagne et d'Italie. D'autres faisaient passer leur « européisme » avant leur anticléricalisme. Enfin des groupes de résistants, généralement à gauche, venaient renforcer le camp des adversaires de la C.E.D.

Ainsi la C.E.D. créait dans la vie politique française un nouveau clivage, différent du traditionnel clivage gauche-droite. De part et d'autre, au-delà des nécessités tactiques pour certains, deux sensibilités s'affrontaient : l'une, celle des adversaires de la C.E.D., était une survivance du vieux nationalisme, particulièrement entretenu par le ressentiment envers l'Allemagne toujours considérée comme « l'ennemi héréditaire » ; l'autre, celle des partisans de la C.E.D., était née d'un sentiment nouveau, le sentiment européen, qui voyait dans la construction de l'Europe avec l'Allemagne, y compris par la fraternité dans une armée européenne, le meilleur gage de la paix dans un continent tant éprouvé. Les deux camps étaient de composition politique aussi hétéroclite l'un que l'autre : on y voyait des hommes que tout séparait, sauf leur position envers la C.E.D. Celle-ci, pendant deux ans, allait provoquer de violentes passions et peser très lourdement sur la vie politique française.

3. **La fin de l'opposition gaulliste.** — L'opération de réduction de l'opposition gaulliste, souhaitée par V. Auriol, aboutit à son terme lors du vote d'investiture du successeur de Pinay. Cette fois tout le groupe gaulliste apporta son soutien à René Mayer, investi le 7 janvier 1953. Sans doute le soutien des gaullistes fut-il acquis au prix de concessions faites par R. Mayer sur la C.E.D. et du remplacement aux Affaires étrangères de R. Schuman, jugé trop européen par les gaullistes, par G. Bidault, plus réservé sur la C.E.D. et de tempérament nationaliste. En soutenant pour la première fois un gouvernement de la IVe République, les gaullistes espéraient peut-être pouvoir plus facilement empêcher la ratification de la C.E.D. Ils n'en faisaient pas moins un pas décisif dans leur ralliement au système .

Le nouveau gouvernement était semblable en tout point à celui de Pinay. Son chef, le radical Mayer, était un grand bourgeois israélite d'une intelligence exceptionnelle. S'étant rendu compte que les négociations avec les partis entravaient toute action gouvernementale, il résolut de passer outre et voulut apporter des solutions aux problèmes en suspens. Particulièrement lorsqu'il eut obtenu des partenaires de la C.E.D. des protocoles additionnels qui garantissaient à la France un minimum d'indépendance à l'intérieur de celle-ci, il se déclara partisan de la ratification du traité créant l'armée européenne. Les gaullistes ne le lui pardonnèrent pas. C'est la raison profonde de leur vote contre le gouvernement aux côtés des socialistes et des communistes lorsque R. Mayer demanda les pouvoirs spéciaux pour faire des économies. La défection gaulliste entraîna la chute du gouvernement le 21 mai 1953.

Mais pouvait-on encore parler de gaullistes à ce moment ? Entre-temps en effet, il s'était produit des faits très importants dans l'histoire du gaullisme en tant que parti politique. Le général de Gaulle n'avait pas du tout apprécié l'entrée dans le système des élus du R.P.F. Pour lui la République d'Auriol représentait le mal avec lequel il ne devait pas y avoir de compromission. Il reprocha alors aux élus de son parti de s'être laissés séduire par « les jeux, les poisons et les délices du système ». Il ne se trompait pas. Les députés du R.P.F. étaient las d'une opposition systématique qui ne menait à rien. En bons parlementaires modérés ou radicaux qu'étaient la plupart d'entre eux, ils aspiraient à avoir leur part des postes gouvernementaux. De Gaulle stigmatisa cette attitude en disant qu'ils quittaient le combat pour « aller à la soupe ». Les élections municipales de la fin d'avril 1953 achevèrent de décourager de Gaulle. Bénéficiant de la popularité de Pinay, les indépendants enlevèrent aux gaullistes la moitié de leurs voix de 1947. Alors, le 6 mai, de Gaulle décida de mettre fin au R.P.F. Il interdit aux élus gaullistes d'utiliser ce sigle et leur redonna leur indépendance.

Ceux d'entre eux qui n'étaient pas déjà entrés dans l'A.R.S. se regroupèrent sous le nom de « Républicains sociaux. » Quant à de Gaulle, mettant un terme au rôle de chef de parti que, depuis six ans, il assumait sans profit pour la France ni prestige pour lui, il se tint désormais à l'écart des affaires politiques. Alors commença pour lui « la traversée du désert » (Malraux). Le régime pouvait donc sembler consolidé par la fin de l'opposition gaulliste.

4. **La droite à la tête de la République.** — La chute de R. Mayer fut suivie d'une crise ministérielle qui dura un mois et une semaine et fut la plus longue du régime. Huit Présidents du Conseil pressentis par Auriol renoncèrent ou furent battus. Tous les leaders des grands groupes parlementaires y passèrent, à l'exception des communistes. A la faveur de la lassitude générale, l'indépendant Joseph Laniel fut finalement investi le 28 juin 1953 avec le soutien des républicains sociaux.

Laniel était le type parfait du notable de province. Appartenant à une famille normande qui possédait une entreprise industrielle, il était député du Calvados depuis 1932. N'ayant fait que des passages discrets au gouvernement, il était peu connu. Son nom et sa physionomie lui valurent tout de suite les sarcasmes, et mêmes les injures, des pamphlétaires comme François Mauriac. Ses souvenirs (1) montrent pourtant qu'il n'était pas si lourd qu'il y paraissait, qu'il était un homme sérieux, honnête, mais sans brio, et qu'il fut finalement victime du système, comme ceux qui le précédèrent ou le suivirent. Il composa un gouvernement qui était un savant dosage de radicaux, d'U.D.S.R., de

(1) *Jours de gloire et jours cruels*, Paris, 1971.

M.R.P., d'indépendants, auxquels s'ajoutèrent trois républicains sociaux, ex-gaullistes qui achevaient, en entrant au gouvernement, leur conversion au système.

Quelques mois après l'investiture de Laniel, la position de la droite fut encore renforcée par l'élection d'un nouveau Président de la République. Arrivé au terme de son septennat, Auriol ne voulut pas se représenter. A la fin de décembre 1953, le Congrès se réunit à Versailles pour élire son successeur. Comme la majorité du Congrès se situait au Centre droit, on aurait pu s'attendre à ce qu'un homme de droite fût facilement élu. Il n'en fut rien. Laniel, qui avait posé sa candidature, y trouva contre lui des candidats de toutes tendances et il avait même dans son propre parti des adversaires qui intriguèrent contre lui. Cette situation entraîna la multiplication des tours de scrutin. Au onzième tour Laniel se retira. Alors un nouveau candidat de droite, le sénateur René Coty, accepta de se présenter. Il se trouva finalement en face d'un seul candidat de la gauche, le socialiste Naegelen. Toute la gauche, des communistes aux radicaux, faisant pour la première fois acte d'unité sous la IVe République, vota pour Naegelen. Coty fut cependant élu au treizième tour le 23 décembre. On en était donc revenu, comme sous la IIIe République, au choix d'un sénateur comme président et à un clivage gauche-droite.

René Coty était lui aussi un notable normand. Avocat au Havre depuis 1902, il avait accompli depuis 1907 tout le *cursus honorum* qui l'avait conduit du Conseil municipal de sa ville natale à la représentation de son département, la Seine-Maritime, au Parlement et à la participation à plusieurs gouvernements de la IIIe et de la IVe République.

Devenu Président de celle-ci, il sera le plus populaire des Présidents de la République que la France eût connus jusque-là. Il devait cette popularité à ses dons naturels — une stature élevée adoucie par un sourire bienveillant —, à ses vertus familiales, à son intégrité. En 1946, il avait voté contre la Constitution de la IVe République. Mais quand il sera le premier magistrat de ce régime, il se montrera respectueux de la Constitution, tout en dénonçant les dangers de ses dispositions et de son fonctionnement, et concevra son rôle comme celui d'un arbitre impartial.

Ainsi, avec Laniel et Coty, la droite détenait les deux premières fonctions de l'Etat, ce qui ne s'était pas vu depuis 1877 sous une République. « En moins de dix ans, quelle revanche de l'humiliation de la Libération et quel changement dans le rapport des forces ! » (R. Rémond). A la République des camarades socialistes et méridionaux, celle d'Auriol et de Ramadier, succédait la République des notables normands de droite. Ce n'est pourtant pas parce que la droite dirigeait la République depuis Pinay qu'elle l'avait totalement conquise. La droite n'était pas alors un parti majoritaire ; elle était au pouvoir grâce à une coalition de partis auxquels il lui fallait faire des concessions : ainsi elle devait laisser à des radicaux les ministères de l'Intérieur et de l'Education nationale, ces bastions de l'ordre « républicain et laïc », et elle devait tenir compte de la susceptibilité des républicains sociaux sur la C.E.D.

5. **Les difficultés du gouvernement Laniel.** — Tiraillé entre les contradictions de sa majorité, Laniel eut du mal à gouverner. Tout d'abord, quelques semaines après son investiture, il se heurta à une grave crise sociale. Reprenant un projet de son

prédécesseur, il préparait des décrets en vue de faire des économies. L'un d'entre eux prévoyait le recul de l'âge de la retraite dans la fonction publique et le secteur nationalisé. Quand ceux qui devaient être l'objet de cette mesure l'apprirent, ils déclenchèrent spontanément un vaste mouvement de grèves. Pendant trois semaines, au mois d'août 1953, la France fut paralysée par la grève de quatre millions de postiers, de cheminots, d'employés de l'E.D.F. et de mineurs. Des solutions de compromis, la lassitude générale et le mécontentement du public mirent fin à la grève. Mais sur l'ensemble du plan économique et financier, le gouvernement Laniel réussit mieux. Son ministre des Finances E. Faure pratiqua ce qu'il appela « l'expansion dans la stabilité ». La stabilité des prix fut accompagnée de la hausse de la production et des salaires et la croissance reprit. Mais ce côté positif de l'action de Laniel était caché par les difficultés qui occupaient alors le devant de la scène.

Il y avait toujours l'affaire de l'armée européenne. A la suite de la mort de Staline, en mars 1953, du traité qui, en juillet de la même année, mettait fin à la guerre de Corée, de l'acceptation par les nouveaux dirigeants du Kremlin d'une Conférence sur l'Allemagne, la situation internationale évoluait dans le sens de la détente, ce qui semblait renforcer la position des adversaires de la C.E.D. Aussi ceux-ci firent-ils une violente campagne contre l'armée européenne. Dans cette campagne, les gaullistes, qui faisaient pourtant partie du gouvernement, s'unissaient aux communistes dans des pétitions, des manifestations et des réunions publiques. Cela amena un dédouanement des communistes. En participant activement à la lutte contre la C.E.D., ceux-ci sortaient de l'isolement dans lequel ils étaient rejetés depuis 1947 et reprenaient un rôle dans la vie politique. Dans les élections partielles, ils firent passer les candidats hostiles à la C.E.D. quelle que fût leur tendance politique. Le gouvernement lui-même était divisé sur la question de la C.E.D. Si Laniel penchait du côté de la C.E.D., certains de ses ministres le menaçaient de donner leur démission s'il en proposait la ratification. Un grand débat parlementaire sur la question, en novembre 1953, ne permit que l'affrontement des thèses adverses.

Les autres difficultés venaient des affaires d'Outre-Mer, qui, prenant alors un caractère dramatique, finirent par affecter le régime lui-même.

IV. — Les affaires d'Outre-Mer

Il n'y eut pas de changement dans la politique de la France envers l'Outre-Mer quand on passa de la troisième force à une majorité de Centre droit. C'est pourquoi les affaires d'Outre-Mer peuvent être étudiées de façon continue de 1947 à 1954.

1. **Tendances générales de la politique française.** — On remarquera d'abord que les institutions propres à l'Union française créées par la Constitution de 1946 ne servirent pratiquement à rien. Elles constituaient des organismes qui tournaient à vide. Le haut Conseil de l'Union française, quelquefois réuni pour les affaires d'Indochine, n'eut qu'un rôle réduit. L'Assemblée de l'Union française, reléguée à Versailles, ce qui était déjà symbolique, tenait des débats sérieux mais sans portée pratique. La seule manifestation du fonctionnement institutionnel de l'Union française tint dans quelques voyages dans les pays d'Outre-Mer de Vincent Auriol, qui se présentait alors comme Président de l'Union française. C'était peu de chose. Tout ce qui concernait les pays de l'Union française situés Outre-Mer était décidé par le gouvernement de la France. Sans doute l'Outre-Mer avait ses représentants au Parlement, mais il n'y avait pas de ministres choisis parmi les hommes

politiques indigènes. Et au sein du gouvernement, les pays d'Outre-Mer dépendaient des mêmes ministères que sous la IIIe République. L'Algérie continuait à dépendre du ministère de l'Intérieur, le Maroc et la Tunisie du ministère des Affaires étrangères, l'Afrique noire et les territoires dispersés du ministère de la France d'Outre-Mer, lequel n'était rien d'autre que l'ancien ministère des Colonies rebaptisé. On avait simplement créé un ministère des Etats associés pour les questions concernant les trois Etats d'Indochine (Vietnam, Laos, Cambodge). Ces quelques remarques sur le fonctionnement des institutions de l'Union française montrent que les dirigeants français n'acceptèrent pas l'évolution fédéraliste de l'ancien système colonial vers laquelle semblait tendre la Constitution de 1946. A plus forte raison ils pratiquèrent pour la plupart, de 1947 à 1954, une politique de réserve et même de refus devant les tentatives d'émancipation coloniale là où elles se produisirent.

Pour expliquer l'attitude du personnel gouvernemental, on a dit qu'il se laissa influencer par des groupes de pression défendant les intérêts politiques ou économiques des colons. Cela peut avoir joué dans certains cas, mais il y a des causes plus profondes et plus générales de son attitude. Même ceux des hommes politiques français qui avaient accepté les mutations institutionnelles de 1946 n'avaient pas pour autant changé de mentalité en ce qui concerne ce qu'on appela jusqu'en 1944 l'Empire colonial de la France. En particulier l'ensemble du personnel gouvernemental français n'avait pas renoncé à la conception traditionnelle du destin réservé à la France Outre-Mer. Il n'avait pas remis en cause le principe essentiel de la souveraineté de la France sur ses possessions d'Outre-Mer. Toute possibilité d'une évolution de l'Outre-Mer hors de la souveraineté de la France était exclue de son esprit. Pour comprendre cet état d'esprit, il faut se souvenir que les hommes qui gouvernaient la France depuis 1946 ont tous été formés sous la IIIe République, à une époque où l'on enseignait à l'école la grandeur, la puissance et la pérennité de l'Empire colonial de la France. En outre, entre 1940 et 1944, Vichy aussi bien que la France libre ont à l'envi exalté l'unité et la fidélité de l'Empire et, pour la France libre, l'Empire permit la reprise de la guerre par la France et sa participation à la victoire finale de 1945. Aussi on peut, comme R. Girardet, parler d'une « persistance de l'idéologie impériale » chez les hommes du gouvernement, comme d'ailleurs chez le plus grand nombre des Français.

Pour expliquer l'attitude du gouvernement français, il faut aussi tenir compte de la conjoncture internationale dans laquelle se développaient les tensions créées par l'action des nationalismes apparaissant alors dans certains pays d'Outre-Mer. On était au temps de la guerre froide consistant dans l'affrontement entre l'Ouest et l'Est. Nous avons vu que la France s'était rangée dans le camp de l'Ouest. Or l'Est soutenait les plus violents adversaires de la présence française Outre-Mer, notamment le Vietminh en Indochine. La lutte contre le Vietminh paraissait donc logique dans la perspective de la guerre froide. Enfin il ne faut pas oublier non plus que, en France même, le P.C. dénonçait la guerre d'Indochine et soutenait ostensiblement la plupart des nationalismes coloniaux. L'anticommunisme de la IVe République depuis 1947 semblait donc avoir pour conséquence logique le refus de reconnaître ces nationalismes. Mais ce faisant, les gouvernements français laissèrent, dans certains pays d'Outre-Mer, se détériorer une situation lourde de conséquences pour la France elle-même et pour l'avenir du régime. Il suffit maintenant de voir rapidement les aspects de cette aggravation de la situation là ou elle se présenta entre 1947 et 1954.

2. **La tension en Afrique du Nord.** — En 1946, l'Assemblée constituante n'était pas arrivée à définir le statut de l'Algérie dans le cadre de l'Union française à cause des divergences de vue entre ses membres sur la question. Le 20 septembre 1947, au moment où se constituait la troisième force, l'Assemblée nationale combla cette lacune par le vote d'une loi dite *Statut de l'Algérie*. La principale innovation de cette loi était la création d'une Assemblée algérienne comprenant 120 délégués, dont une moitié serait élue par le Collège formé par les Européens et l'autre par le Collège formé par les Musulmans. Cette Assemblée devait voter le budget de l'Algérie, examiner certaines lois non applicables de plein droit à l'Algérie et régler certains problèmes particuliers (communes mixtes, vote des femmes, enseignement de l'arabe). Ce statut de 1947 voulait être un compromis entre les aspirations des deux communautés qui composaient la population de l'Algérie. Or il les mécontenta toutes les deux. Les Musulmans, qui formaient les huit neuvièmes de la population, se trouvaient insuffisamment représentés à l'Assemblée algérienne et les Européens craignaient que celle-ci ne fût une tribune pour la propagande nationaliste. Car il existait alors en Algérie, parmi les Musulmans, un mouvement nationaliste dont certains membres voulaient un Etat algérien fédéré à la France alors que d'autres voulaient l'indépendance de l'Algérie. Les nationalistes remportèrent un très grand succès aux élections municipales d'octo-

bre 1947. Alors, pour éviter qu'un tel succès se renouvelât, le gouverneur général Naegelen, qui était une personnalité importante de la S.F.I.O., couvrit les truquages des élections à l'Assemblée algérienne en octobre 1948 : les nationalistes n'eurent que 13 sièges, le reste des 60 sièges du Collège des Musulmans étant attribué à des candidats de l'administration. Les Européens rassurés se laissèrent aller à l'optimisme. Mais les nationalistes, à peu près privés des moyens d'action légale, n'eurent d'autres recours que la violence, à laquelle répondirent à plusieurs reprises des opérations policières de grande envergure. En mars 1954, un petit groupe de militants nationalistes fonda le C.R.U.A. (Comité révolutionnaire d'Union et d'Action) en vue du passage à l'insurrection.

Au Maroc, le mouvement nationaliste s'organisa à la fin ou au lendemain de la guerre sous la forme de partis, dont l'un, l'Istiqlal, devint l'aile marchante du nationalisme. Par le discours qu'il prononça à Tanger en avril 1947 et où il omit de rendre hommage à la France, le sultan Mohammed ben Youssef montra sa collusion avec l'action nationaliste. Dès lors commença entre lui et les résidents généraux nommés par le gouvernement français une épreuve de force qui ne s'acheva qu'en 1953. Les résidents favorisèrent un mouvement hostile à la politique de l'Istiqlal et du sultan, en s'appuyant notamment sur les grands féodaux comme le Glaoui, pacha de Marrakech, traditionnellement hostiles au pouvoir central. Finalement, ce fut sur l'initiative de certains fonctionnaires de la résidence que, le 20 août 1953, le sultan fut déposé, envoyé en exil à Madagascar et remplacé par le protégé du Glaoui, Ben Arafa. Le ministre des Affaires étrangères, G. Bidault, couvrit cette initiative locale dont le gouvernement n'avait pas été informé. De ce moment, Mohammed ben Youssef devint un héros légendaire pour le peuple marocain et la situation devint tragique à la suite du terrorisme, mené par de jeunes Marocains, et du contre-terrorisme, mené par les milieux populaires européens.

En Tunisie, il y avait aussi un mouvement nationaliste dont l'aile marchante était le Néo-Destour fondé par Bourguiba en 1934. Dans les années qui suivirent la fin de la guerre, des organisations professionnelles, comme la C.G.T. tunisienne, vinrent le renforcer en se greffant sur lui. En 1950, Bourguiba, au cours d'un séjour en France, exposa aux dirigeants français ses revendications en faveur de l'autonomie interne de la Tunisie. Son talent de persuasion amena le ministre des Affaires étrangères R. Schuman à une attitude libérale : il envoya alors un nouveau résident « chargé de comprendre et de conduire la Tunisie vers le plein épanouissement des richesses et de l'amener vers l'indépendance... » Ce dernier mot avait sans doute dépassé l'intention du ministre, mais il fut pris au sérieux par les nationalistes, qui considérèrent comme très insuffisantes les réformes qui suivirent la déclaration de R. Schuman. Cette attitude des nationalistes ajoutée à un retour à une politique autoritaire des personnalités françaises locales amena une extrême tension de la situation à partir de 1952. Le régime du protectorat était bloqué par le refus du bey de signer les décrets proposés par le résident. Les mesures de répression alternaient avec les tentatives de négociations. Au terrorisme nationaliste répondait le contre-terrorisme européen. Des bandes de Fellagas (rebelles) commencèrent à faire une résistance armée à partir du début de 1954.

Ainsi à ce moment un état de tension régnait dans toute l'Afrique du Nord, où la souveraineté de la France, maintenue par les gouvernements de troisième force et du Centre droit, se trouvait aux prises avec des mouvements nationalistes de plus en plus affirmés et violents. Mais cette tension ne pesait pas encore sur la vie politique de la France.

3. **La guerre d'Indochine.** — La guerre qui commença en Indochine à la fin de 1946 allait devenir, contrairement à ce que les gouvernements français crurent au début, une guerre très longue. Au point de vue militaire, elle se déroula surtout dans le nord du Tonkin où, selon le langage officiel, les troupes françaises menaient des « opérations de police » contre les « rebelles ». Pendant plusieurs années, il ne s'agit que d'une guérilla. Mais dans le même temps les partisans de Ho Chi Minh cherchèrent à gagner à la cause nationale-communiste les populations du Vietnam et développèrent leur influence dans le pays. C'est pourquoi les autorités françaises cherchèrent une solution politique qui affaiblirait Ho Chi Minh. Elles crurent la trouver en restaurant l'empereur Bao-Daï autour duquel elles espéraient que se grouperaient tous les nationalistes non communistes du Vietnam. Par des accords conclus avec Bao-Daï en 1948 et mis en application en 1949, un Etat du Vietnam fut créé avec Bao-Daï pour souverain et comprenant aussi la Cochinchine. Cet Etat recevait l'indépendance, mais était un Etat associé à la France dans le cadre de l'Union française. Des accords similaires furent signés en 1949 avec le Laos et le Cambodge.

Mais à la fin de 1949 et au début de 1950, la situation prit une dimension nouvelle avec la victoire de Mao Tsé toung. La Chine communiste reconnut alors le gouvernement de Ho Chi Minh et apporta au Vietminh une aide considérable en armes et sous forme de camps d'instruction installés en Chine pour la formation de ses cadres. Pour ne pas être en reste, l'U.R.S.S. et les démocraties populaires reconnurent aussi le Vietminh et lui envoyèrent de l'aide. On se rendit compte de la puissance nouvelle du Vietminh par les victoires qu'il remporta à l'automne de 1950 à Cao Bang et à Lang Son, dans le nord du Tonkin. Alors la France fit appel aux Etats-Unis qui lui apportèrent une aide en armement et surtout qui financèrent en grande partie la guerre d'Indochine à partir de ce moment. Mais cette guerre, à la suite de tout ce qui se passa en 1950, prenait une signification nouvelle : elle n'était plus une guerre coloniale, elle devenait une lutte pour protéger le Sud-Est asiatique contre le communisme. Mais si la France devenait le soldat du monde libre, l'opinion française ne s'intéressait pas à la guerre d'Indochine parce que celle-ci se déroulait très loin et parce que seule l'armée de métier y était engagée. Seuls s'y intéressaient les communistes, qui la condamnaient parce que c'était une guerre contre des communistes et dont la presse pouvait se déchaîner sans risques contre « la sale guerre » d'Indochine puisque la France n'était pas officiellement en état de guerre.

Sur le plan militaire, le général de Lattre de Tassigny redressa la situation au cours de l'année de commandement qu'il exerça en Indochine en 1951. Mais ce furent des succès sans lendemain. Il apparaissait de plus en plus nettement qu'il n'y avait pas d'issue à cette guerre par les armes. Sur le plan politique, la situation s'aggravait aussi. Les Etats associés, mécontents de la tutelle que la France exerçait sur eux sous le couvert de leur intégration dans l'Union française, réclamèrent et obtinrent, dans l'été de 1953, des transferts de souveraineté qui accroissaient leur indépendance. La guerre perdait ainsi de plus en plus de sa raison d'être. En France même une opposition nouvelle se développait contre la guerre d'Indochine. Depuis la fin de 1950, P. Mendès-France critiquait au Parlement la politique du gouvernement en Indochine qu'il accusait d'être incohérente, inutile et dangereuse pour la France dont, par son coût élevé, elle empêchait le redressement économique. *L'Express*, fondé dans l'été de 1953, donna une large diffusion à ces idées qui gagnèrent la bourgeoisie de gauche.

Les gouvernements étaient d'ailleurs persuadés depuis longtemps de l'inutilité de la guerre, mais étaient divisés sur la solution à y apporter et comptaient sur le gouvernement suivant pour la trouver. Le gouvernement Laniel, formé en juin 1953, était plus divisé que tout autre sur l'Indochine, certains de ses membres, comme le ministre des Affaires étrangères G. Bidault, estimant que la France devait continuer la lutte, d'autres, comme Edgar Faure et Mitterrand, pensant que la solution était la négociation avec le Vietminh. Sur le refus des Américains d'intervenir directement aux côtés de la France, le gouvernement se résigna finalement à l'idée d'une Conférence groupant les cinq grandes puissances ayant des intérêts en Asie (France, Grande-Bretagne, Etats-Unis, Chine et U.R.S.S.) et destinée à régler les problèmes asiatiques (Corée et Indochine). A cette Conférence, qui s'ouvrit à Genève le 26 avril 1954, le délégué de la France, G. Bidault, n'était pas décidé à céder. Mais pendant qu'on discutait à Genève, on apprit le désastre de Diên Biên Phu. Dans une cuvette où se trouve cette localité, à l'ouest du Tonkin, le commandement français avait concentré des forces pour empêcher la liaison du Vietminh avec le Laos. Il s'attendait à une bataille d'infanterie, alors que l'ennemi était pourvu en artillerie lourde et en aviation. En février 1954, les troupes françaises furent enfermées dans la cuvette de Diên Biên Phu. Ne pouvant recevoir de renforts, elles furent décimées et durent capituler le 7 mai. L'opinion française, qui avait passionnément suivi les opérations, fut fortement ébranlée par ce désastre qui allait précipiter le dénouement de la guerre d'Indochine, mais devait aussi avoir des répercussions sur la vie du régime.

Chapitre III

DE DIÊN BIÊN PHU
A SAKHIET SIDI YOUSSEF

Les événements qui se passèrent dans un village d'Indochine en mai 1954, et ceux qui se passèrent dans un village de Tunisie, en février 1958, peuvent servir de cadre à une phase de l'histoire de la IVe République parce que, pendant quatre ans, la vie politique du régime fut dominée par les affaires coloniales. Celles-ci, malgré l'importance de certaines questions de politique intérieure et de politique extérieure, furent alors la préoccupation essentielle des gouvernements, provoquèrent d'ailleurs la chute de la plupart d'entre eux et divisèrent profondément l'opinion. En un mot, elles rongèrent le régime.

I. — L'expérience Mendès France

1. La naissance du gouvernement Mendès France. — Soudainement rendue consciente par Diên Biên Phu de l'inutilité de la guerre d'Indochine, l'opinion se dressa contre le gouvernement Laniel, lui imputant les fautes et les erreurs en réalité commises par tous les responsables civils et militaires de la politique française en Indochine depuis sept ans. Dès lors le gouvernement apparut condamné. Ceci affaiblit la position de son représentant à Genève, G. Bidault, qui n'en persévérait pas moins dans une attitude intransigeante à l'égard du Vietminh.

Le 12 juin 1954, au cours d'un débat parlementaire, P. Mendès France lança un violent réquisitoire contre la politique de G. Bidault, ce qui eut pour effet d'amener des radicaux et des républicains-sociaux à voter contre le gouvernement Laniel et de provoquer la chute de celui-ci. Pour la première fois, les questions coloniales provoquaient la chute d'un gouvernement. Mendès France fut désigné par le président Coty pour succéder à Laniel. Le soir du 17 juin, il prononça à l'Assemblée nationale une déclaration d'investiture dans laquelle il prit des positions très tranchées : engagement d'apporter au problème indochinois une solution dans un délai d'un mois, intention de lever l'hypothèque que la C.E.D. faisait peser sur la politique française, programme économique d'expansion. Il déclara que si les communistes votaient pour lui, il ne tiendrait pas compte de leurs voix dans le calcul de sa majorité, ne voulant pas devoir celle-ci à ceux qui avaient soutenu les adversaires de la France dans la guerre d'Indochine. Il obtint aussitôt une investiture massive, même compte non tenu des communistes qui avaient voté pour lui afin de l'embarrasser. La plupart des députés étaient trop heureux de se débarrasser sur lui de la charge de liquider la guerre d'Indochine.

Mendès France constitua son gouvernement sans recourir aux habituelles tractations avec les partis. Choisissant aussi bien des hommes jeunes que des hommes d'expérience, il trouva des concours dans tous les partis sauf dans le P.C., naturellement exclu, et dans les socialistes, qui s'exclurent eux-mêmes. Ce gouvernement était largement dominé par la personnalité de son chef. En 1954, P. Mendès France faisait figure d'homme nouveau parce qu'il n'avait participé à aucun gouvernement depuis son bref passage dans le gouvernement de Gaulle en 1944-1945. Député de l'Eure depuis 1932, il avait pourtant déjà derrière lui une longue carrière politique. Il appartenait à l'aile gauche du Parti radical, mais se comportait plutôt en isolé qu'en homme de parti. Quand il devint Président du Conseil, il fut bien accueilli par l'ensemble de l'opinion, qui vit avant tout en lui l'homme nouveau ayant l'air décidé à agir. Par les caractères exceptionnels de la naissance de son gouvernement, par sa manière personnelle de gouverner, on peut, avec lui comme avec Pinay, parler d'une « expérience ».

2. **Le succès immédiat dans les affaires coloniales.** — Aussitôt après la formation de son gouvernement, Mendès France partit pour Genève afin d'y reprendre la négociation. Il fut servi par l'attitude des Russes et des Chinois qui, dans l'atmosphère de détente de l'époque, voulaient la paix en Indochine et poussèrent les délégués du Vietminh dans cette voie. Cela n'empêcha pas les négociations d'être dures. Elles aboutirent, dans la nuit du 20 au 21 juillet, à la signature d'un accord aux termes duquel l'armistice était signé, mais la France retirait ses troupes du Tonkin ; elle laissait au Vietminh tout le territoire du Vietnam situé au nord du 17e parallèle ; elle s'engageait à reconnaître l'indépendance et l'intégrité territoriale du Vietnam, du Laos et du Cambodge et à ne pas s'ingérer dans leurs affaires extérieures. C'était la fin de l'influence prépondérante exercée par la France en Indochine depuis près de soixante-dix ans en même temps que le déclin de la France comme puissance coloniale. Mais l'opinion française ne vit dans tout cela que la fin d'une guerre qui avait été pour la France un lourd fardeau militaire et financier et elle fut émerveillée

par la prouesse de Mendès France qui, à un jour près, avait gagné son pari de mettre fin en un mois à la guerre d'Indochine.

Dix jours après son retour de Genève, le 31 juillet, Mendès France fit un voyage soudain en Tunisie, accompagné du maréchal Juin, comme pour faire cautionner sa politique tunisienne par cet illustre « Africain ». Il semble avoir voulu alors apporter une solution à la question tunisienne. Dès son arrivée à Carthage, il fit une déclaration dans laquelle il disait que la France reconnaîtrait « l'autonomie interne » de la Tunisie, avec « transfert à des personnes et des institutions tunisiennes de l'exercice de la souveraineté ». Ce n'était rien dire d'autre que ce qui était dans le traité de Protectorat de 1881, mais cela annonçait la volonté d'en faire une réalité. Et, dans l'état de tension qui existait en Tunisie, c'était une amorce de décolonisation à l'amiable.

Son succès à Genève et le côté spectaculaire de son voyage en Tunisie valurent à Mendès France une très grande popularité dans l'été de 1954. Il devint même une vedette internationale. Le secrétaire d'Etat américain Foster Dulles l'appela « Superman ». Seuls quelques intransigeants partisans du maintien de la puissance coloniale le qualifièrent de « bradeur d'Empire ».

3. Les difficultés de la politique extérieure. — Au sujet de la C.E.D., toujours en suspens, Mendès France ne prit pas position sur le fond dans sa déclaration d'investiture, mais il proposa une confrontation des opinions. Il chargea de cette confrontation deux de ses ministres, qui avaient des positions contraires sur la C.E.D. et ne firent que dresser un vague catalogue des arguments des deux camps, ce qui n'avançait à rien. Mais sur la pression du M.R.P., il promit un débat au Parlement à la fin du mois d'août. Quand vint ce débat, Mendès France déclara qu'il ne poserait pas la question de confiance, attitude qui lui fut reprochée par les partisans de la C.E.D. comme une marque de tiédeur envers celle-ci. Et au lieu d'ouvrir le débat de ratification du traité, le Président du Conseil laissa les adversaires de la C.E.D. poser « la question préalable » : c'était un artifice de procédure qui permettait de voter non sur le fond du traité, mais sur la simple question de savoir s'il devait y avoir débat. Et le 30 août, la question préalable fut votée par une majorité qui regroupait tous les adversaires de la C.E.D. : les communistes, les gaullistes, la moitié des socialistes, des radicaux et des indépendants. Si Mendès France laissa tomber la C.E.D., c'est parce que, dans les jours précédant le débat, il avait subi, de la part des Etats-Unis et des partenaires européens du traité, des pressions qu'ils avaient jugées humiliantes pour la France.

Mais si la C.E.D. était enterrée, le réarmement allemand ne l'était pas en raison de la pression des alliés de la France et spécialement des Etats-Unis, pour qui passait avant tout la sécurité de l'Europe occidentale. Par souci de rester fidèle à l'alliance atlantique, Mendès France accepta le réarmement allemand. Dans ce sens, il signa avec les alliés de la France, à Londres et à Paris, des accords qui reconnaissaient l'intégration de l'Allemagne fédérale dans l'O.T.A.N., ce qui impliquait évidemment qu'elle eût une armée. Mais du coup il se heurta à la fois aux communistes, aux « Européens » et à tous les irréductibles anti-Allemands par principe, et, le 30 décembre, il ne put faire ratifier que de justesse les accords de Londres et de Paris.

Dans le même temps qu'avait lieu le débat sur le réarmement allemand, Mendès France prit aussi une décision lourde de conséquences pour le réarmement de la France. Il promulgua un décret organisant la recherche atomique en France. Par la suite Mendès France s'est défendu d'avoir voulu par là doter la France de l'armement atomique et déclara n'avoir voulu envisager que l'importance scientifique et industrielle de la recherche atomique. Il n'en reste pas moins que sa décision est à l'origine de l'armement atomique de la France, car un de ses successeurs sous la IVe République, Guy Mollet, créa un Comité de Recherche des Applications militaires de l'Energie atomique (décret du 5 février 1956).

4. Les difficultés de la politique intérieure. — Dans tous les domaines de la politique intérieure où il essaya d'agir, Mendès France se heurta à des difficultés qui limitèrent considérablement les résultats de son entreprise. On attendait d'abord tout spécialement le Président du Conseil dans les questions économiques et financières parce qu'elles étaient sa spécialité. Il ne s'y déroba point. Il demanda à l'Assemblée nationale, et obtint le 10 août, des pouvoirs spéciaux en matière économique. Non seulement il voulait continuer l'expansion, mais il déclarait vouloir envisager des objectifs qui, à long terme, devaient profondément améliorer la production et le niveau de vie des Français. Mais la trop courte durée de son gouvernement empêcha sa politique économique de porter tous ses fruits.

Dans le domaine de la Santé publique, Mendès France voulut extirper un mal qui fait des ravages en France : l'alcoolisme. A cet effet, le 13 novembre, il prit des décrets qui restreignaient les privilèges des bouilleurs de cru. Mais ceux-ci représentaient de gros bataillons électoraux dont les députés prirent la défense et la popularité du Président du Conseil baissa dans certaines régions productrices d'alcool.

Enfin Mendès France voulut sortir de l'ornière un projet de révision de la Constitution de 1946 dont on parlait depuis de longues années. Son idée générale était de remédier aux plus graves défauts du fonctionnement du régime. Il put faire voter sans difficultés des dispositions qui portaient sur des points mineurs : nécessité de la simple majorité relative pour l'investiture du Président du Conseil, présentation par celui-ci de son gouvernement avant le débat d'investiture, maintien en place du gouvernement jusqu'aux élections en cas de dissolution. Mais il n'obtint qu'à deux voix de majorité le rétablissement, au profit du Conseil de la République, des pouvoirs législatifs du Sénat de la IIIe République et, devant l'opposition des partisans de la représentation proportionnelle, il renonça à son projet d'en revenir au scrutin uninominal. A la fin de l'année 1954, Mendès France était usé sur le plan parlementaire. Il ne fallait plus qu'une occasion pour le renverser.

5. **Les débuts de l'insurrection algérienne.** — Le 1er novembre 1954, le Comité révolutionnaire formé en Algérie au printemps précédent passa à l'action : il provoqua des assassinats de Français et la naissance de foyers de troubles dans plusieurs régions. C'était le déclenchement de l'insurrection en Algérie. Cette fois Mendès France eut une attitude très différente de celle qu'il avait montrée dans les affaires d'Indochine et de Tunisie. Le 12 novembre il déclara à l'Assemblée nationale :

« On ne transige pas lorsqu'il s'agit de défendre la paix intérieure de la nation, l'unité, l'intégrité de la République. Les départements d'Algérie constituent une partie de la République française... Ici, c'est la France. »

Le ministre de l'Intérieur, F. Mitterrand, de qui dépendait administrativement l'Algérie, souscrivit explicitement à cette déclaration. Mais la répression de l'insurrection algérienne fut menée sans vigueur parce que l'on croyait venir facilement à bout de quelques foyers de troubles. De plus Mendès France, qui croyait aux hommes, décida de nommer un gouverneur de l'Algérie qui fût un homme de caractère. Le 25 janvier 1955, il confia ce poste au gaulliste Soustelle. Or ce choix provoqua de vives réactions : les uns, comme le M.R.P., ne pardonnaient pas à Soustelle d'avoir été un adversaire de la C.E.D. ; les autres lui reprochaient d'être un libéral en matière coloniale. Ce fut finalement le député d'Algérie R. Mayer qui sonna l'hallali contre la politique algérienne et tunisienne de Mendès France, jouant le rôle que celui-ci avait joué contre Laniel et Bidault. Le 5 février 1955, la confiance fut refusée à Mendès France par une majorité regroupant, pour des raisons opposées, les communistes, le M.R.P., les indépendants et une vingtaine de radicaux. Ainsi Mendès France tombait à son tour sur une question coloniale. L'expérience Mendès France, dont le plus important de l'œuvre se ramenait à des liquidations (Indochine, C.E.D.), montrait une fois de plus la difficulté, même et peut-être surtout pour un homme de valeur exceptionnelle, d'exercer le pouvoir dans un système où l'Assemblée nationale, et à travers elle les partis, avait pris le rôle prépondérant. Comme précédemment à Pinay, les députés reprochaient à Mendès France d'avoir personnalisé le pouvoir.

II. — « Les jeux du système »

Après le refus par les partis de la manière vigoureuse de gouverner, l'année 1955 vit, malgré l'insurrection algérienne, le retour à ce que de Gaulle avait appelé « les jeux du système ».

1. **Le gouvernement Edgar Faure.** — Selon l'habitude, on avait accepté de renverser le gouvernement avec l'appui des communistes, mais il n'était pas question de former un nouveau gouvernement avec eux. Il fallut donc chercher une nouvelle majorité. On eut alors, selon l'habitude également, une crise ministérielle de trois semaines qui, le 27 février, s'acheva par la succession d'un radical à un autre radical. Edgar Faure succédait à Mendès France. E. Faure était passé maître dans « les jeux du système ». Il avait été assez habile pour être de toutes les combinaisons précédentes. Il recourut aux habituelles consultations des organismes dirigeants des partis pour constituer un gouvernement qui, axé au Centre droit, comprenait les leaders des partis de la majorité, Pinay pour les Indépendants, Pflimlin pour le M.R.P., le général Kœnig pour les républicains sociaux. On voit par tout cela combien l'expérience Mendès France fut une parenthèse dans le système.

A) *La politique économique et financière.* — Par l'intermédiaire de son ministre des Finances Pflimlin, E. Faure continua la politique d'expansion dans la stabilité qu'il avait menée comme ministre des Finances de Laniel et de Mendès France. Au cours de ces années 1953-1955, la production augmenta à un rythme de 9 à 10 % par an, y compris celle des biens de consommation, qui était stimulée par la hausse des salaires. Comme les prix restaient stables depuis la politique de Pinay, le niveau de vie des Français s'améliorait. Les difficultés ne vinrent donc pas du côté économique, mais d'abord des affaires d'Outre-Mer.

B) *Les affaires d'Afrique du Nord.* — E. Faure fit aboutir les négociations commencées avec la Tunisie après le discours de Carthage. En juin 1955, des accords franco-tunisiens donnèrent une complète autonomie interne à la Tunisie et établirent entre elle et la France des rapports de coopération et non plus de domination. Le Président du Conseil eut assez d'habileté pour faire ratifier ces accords à la quasi-unanimité des députés, alors que beaucoup de ceux-ci avaient renversé Mendès France sur la même politique tunisienne.

Au Maroc, depuis la déposition de Mohammed V, le terrorisme indigène et le contre-terrorisme européen prenaient une extension considérable, les membres des partis nationalistes refusaient de participer à toute étude de réformes tant que Mohammed V ne serait pas restauré. E. Faure était partisan de cette restauration, mais il se heurtait à l'opposition des partis de sa majorité. Le 6 octobre, les ministres républicains sociaux démissionnèrent et il fallut l'autorité de Pinay pour empêcher les ministres indépendants d'en faire autant. Le 9 octobre, un débat à l'Assemblée nationale sur la politique marocaine d'E. Faure donna à celui-ci une majorité de gauche, donc une majorité différente de celle qui l'avait investi. C'était ce qu'on appelait une majorité de rechange, pratique fréquente mais peu sérieuse de 1954 à 1958. Fort de sa majorité, E. Faure mena sa politique marocaine à son terme. Le sultan Arafa dut démissionner ; Mohammed V fut ramené de

Madagascar à Paris où, le 6 novembre, il signa une déclaration qui établissait les rapports du Maroc et de la France sur la base de « l'indépendance dans l'interdépendance », formule séduisante, de la manière d'E. Faure, mais qui ne voulait rien dire. Puis Mohammed V revint à Rabat où il fit une rentrée triomphale.

Si E. Faure pratique une politique libérale en Tunisie et au Maroc, il voulut au contraire faire face avec fermeté à l'insurrection algérienne, qui se développa au cours de l'année 1955. Il rappela des réservistes et détacha des unités « atlantiques » pour renforcer l'armée française. Le 31 mars, il fit voter une loi qui établissait l'état d'urgence en Algérie, c'est-à-dire qui y suspendait les libertés publiques. Il maintint à son poste J. Soustelle qui, après des massacres de Français en août, devint un partisan de la répression vigoureuse. En même temps les rebelles s'organisaient : ils constituèrent au Caire, ce qui montre l'appui qu'ils recevaient des pays arabes, un Front de Libération nationale (F.L.N.) dirigé par Ben Bella. Le 10 octobre, il y eut un vote de confiance à l'Assemblée nationale sur la politique algérienne d'E. Faure. Celui-ci retrouva alors la majorité qui l'avait investi. Il avait donc toujours trouvé une majorité pour approuver sa politique en Afrique du Nord. Ce n'est du reste pas de ce côté que, au moins directement, viendra sa chute.

C) *Les querelles politiques.* — A l'automne 1955, E. Faure pensa qu'il y avait lieu d'abréger la durée du mandat de l'Assemblée nationale, lequel n'aurait dû expirer qu'en juin 1956. Il estimait qu'il y aurait bientôt lieu de prendre des décisions importantes sur l'Algérie et le Maroc et qu'il ne fallait pas compter, pour ce faire, sur une Assemblée en fin de législature. Mais il y avait aussi à ses intentions des motifs moins élevés, qui relevaient des jeux de la politique. La coalition que présidait E. Faure était alors attaquée sur deux fronts : d'une part, par Pierre Poujade, petit papetier de Saint-Céré (Lot), dont l'agitation antifiscale commençait à connaître un certain retentissement dans le Midi ; d'autre part, par Mendès France qui, depuis son passage aux affaires, avait créé autour de lui, dans le Parti radical notamment, un courant gauchisant qui voulait rejeter l'orientation à droite que le radicalisme avait prise depuis la Libération. On commençait à parler d'un « mendésisme ». Or E. Faure était aussi radical. Il ne voulait pas se laisser distancer dans son propre parti par Mendès France et il pensait que des élections anticipées ne laisseraient pas à Mendès France le temps de développer son influence. Ainsi les querelles internes du Parti radical devenaient-elles le prétexte à des décisions d'intérêt national. Les circonstances vinrent aider les projets d'E. Faure. Le 29 novembre, il fut battu sur une banale question de procédure par une coalition des communistes, des socialistes, des républicains sociaux et de bon nombre de radicaux entraînés par Mendès France. Mais les députés qui avaient renversé E. Faure ne s'étaient même pas rendu compte qu'ils avaient créé les conditions prévues par la Constitution pour une dissolution : deux crises ministérielles à la majorité absolue en moins de dix-huit mois. E. Faure saisit cette occasion : le 2 décembre 1955, il fit publier au *Journal officiel* le décret de dissolution de l'Assemblée nationale. L'opposition de gauche cria au coup de force, ce qui était faux, et Mendès France en profita pour faire exclure E. Faure du Parti radical.

2. Les élections du 2 janvier 1956. — Fixées au 2 janvier 1956, les élections donnèrent lieu à une campagne électorale brève mais très animée. Deux coalitions s'opposaient : d'une part, une coalition de Centre droit comprenant des radicaux et des U.D.S.R. soutenant E. Faure, le M.R.P., les Indépendants et quelques républicains sociaux ; d'autre part, les radicaux et U.D.S.R. mendésistes, les républicains sociaux de gauche entraînés par Chaban-Delmas et les socialistes. Cette coalition prit le nom de « Front républicain », ce qui n'était qu'un « slogan publicitaire » (J. Fauvet) car les coalisés n'avaient pas élaboré de programme de gouvernement. Les communistes continuaient à combattre seuls. La nouveauté fut la constitution en parti du Mouvement Poujade sous le nom d'Union de Défense des Commerçants et Artisans (U.D.C.A.). Le programme de ce parti était sommaire et composite : anti-étatisme sous forme d'une opposition à la fiscalité et à l'administration, antiparlementarisme virulent, xénophobie, nationalisme caractérisé surtout par la volonté de maintenir les colonies. Tous ces thèmes du poujadisme ne permettaient guère de le classer plutôt à droite qu'à gauche.

A l'exception de onze départements où les listes apparentées eurent la majorité (la loi électorale de 1951 avait été maintenue), la répartition des sièges se fit à la représentation proportionnelle. Cela permit au P.C. de retrouver 150 députés, en même temps que, comme la S.F.I.O., il regagnait 500 000 voix. Le M.R.P. et les Indépendants restaient à peu près stables. Mais les républicains sociaux, avec quelques centaines de milliers de voix, s'effondraient : le gaullisme sans de Gaulle n'attirait plus. Par contre, il y avait une poussée de l'aile mendésiste du Parti radical, qui gagnait un million de voix.

Et surtout, la grande surprise fut le succès du poujadisme qui obtenait 2 millions et demi de voix et une cinquantaine de députés. Le poujadisme et le mendésisme avaient recueilli l'héritage du R.P.F. et exprimaient tous deux un désir de changement. Ils avaient servi d'exutoire à tous ceux qui, non communistes, étaient, pour des raisons sans doute opposées, hostiles au système. Au total ces élections montraient une certaine poussée à gauche, mais aucune formation n'avait la majorité. La nouvelle Assemblée nationale apparaissait comme une juxtaposition de minorités et semblait ingouvernable.

3. **Le gouvernement Guy Mollet.** — Le président Coty estima que le Front Républicain sortait vainqueur des élections quoiqu'ayant moins de sièges que la coalition de Centre droit, parce que celle-ci avait perdu la majorité. Mais le Front républicain avait deux leaders : Guy Mollet, secrétaire général de la S.F.I.O., et Mendès France. Coty pensa que ce dernier n'avait aucune chance d'être investi étant donné l'hostilité qu'il avait suscitée hors du Front républicain. C'est pourquoi il pressentit Guy Mollet comme Président du Conseil. Mais alors un problème se posa à Guy Mollet : « caser » son rival à la tête du Front républicain, Mendès France. Il lui proposa le ministère des Finances, mais Mendès France refusa parce que sa rigueur financière était incompatible avec les promesses électorales socialistes et il réclama les Affaires étrangères. Guy Mollet les lui refusa parce qu'il les avait promises à un ami socialiste. Alors Mendès France fut nommé ministre d'Etat, ce qui n'était qu'un titre servant au dosage politique. Cela sentait encore « les jeux du système. » Les autres ministres appartenaient tous au Front républicain ; ce qui

fait que le gouvernement Guy Mollet était le premier gouvernement de gauche depuis la mise en place de la IVe République. Guy Mollet trouva à l'extérieur du Front républicain l'appoint nécessaire à son investiture. Les communistes le soutinrent parce qu'ils espéraient entraîner le Front républicain vers le Front populaire ; le M.R.P. lui donna son appui pour montrer une fois de plus qu'il n'était pas vraiment un parti de droite ; certains indépendants votèrent aussi pour lui dans l'espoir de l'amener à faire leur politique en Algérie. Il était évident que Guy Mollet ne pourrait donner satisfaction à tous les éléments d'une majorité aussi hétéroclite. On vit pourtant ce paradoxe que celui-ci donna naissance au gouvernement qui détint le record de longévité sous la IVe République : presque seize mois (1er février 1956-21 mai 1957).

III. — La France dans la guerre d'Algérie

1. La politique de Guy Mollet en Algérie. — Au lendemain des élections, le Front républicain annonça des intentions libérales en matière coloniale. Dans une certaine mesure le gouvernement Guy Mollet les fit passer dans les faits. Il n'eut qu'à mener à leur terme les concessions faites par ses prédécesseurs à la Tunisie et au Maroc pour reconnaître, en mars 1956, l'indépendance de ces deux pays moyennant le maintien de quelques bases militaires françaises en Tunisie, dont Bizerte, et la conclusion d'accords économiques et financiers. De plus, le ministre de la France d'Outre-Mer, le socialiste Gaston Defferre, fit voter pour l'Afrique noire et Madagascar une loi-cadre prévoyant que les élections aux assemblées territoriales se feraient au collège unique et que seraient créés des Conseils de gouvernement élus par les assemblées territoriales et disposant de la souveraineté en matière budgétaire, économique et sociale. On prévenait ainsi dans ces pays des mouvements nationalistes en amorçant une décolonisation à l'amiable. Mais les circonstances amenèrent G. Mollet à suivre une politique toute différente en Algérie. Lorsqu'il forma son gouvernement, il montra l'importance qu'il accordait à l'Algérie en créant un poste de ministre-résident, lequel, tout en étant membre du gouvernement, résiderait en Algérie à la place du gouverneur général. Comme titulaire de ce poste, il choisit le général Catroux, un illustre gaulliste qui, dans la question coloniale, était un libéral. Puis G. Mollet pensa qu'il était de son devoir de chef de gouvernement d'aller voir sur place ce qui se passait en Algérie, d'y annoncer ses intentions et d'y préparer la venue de Catroux. Arrivé à Alger le 6 février, il y fut accueilli par une manifestation d'Européens qui le bombardèrent de tomates pour lui montrer leur mécontentement de la nomination de Catroux. Celui-ci démissionna et G. Mollet le remplaça par le socialiste Robert Lacoste. Cet épisode du 6 février 1956 marquait le début d'une série de capitulations du gouvernement de Paris devant les pressions venues d'Algérie. En cela il montrait la faiblesse du régime. De plus le passage de G. Mollet à Alger lui fit prendre conscience de ce qu'étaient les sentiments des Européens d'Algérie. Il se rendit compte que, pour eux, la lutte contre la rébellion passait avant tout et qu'ils n'admettraient pas de réformes si la rébellion n'était pas écrasée. C'est pourquoi il définit sa politique en un triptyque : cessez-le-feu, élections libres, négociations. Renversant l'ordre de ces termes, le F.L.N. répliqua que, pour qu'il cessât le feu, il fallait d'abord que le gouvernement français reconnût le préalable de l'indépendance de l'Algérie. C'était un dialogue de sourds qui n'avait d'autre issue que la poursuite de la guerre.

Pour poursuivre la guerre, il fallait en prendre les moyens. C'est pour les obtenir que, le 12 mars, G. Mollet se fit attribuer par l'Assemblée nationale les pouvoirs spéciaux. Ceux-ci consistaient à intensifier l'action militaire en Algérie, à y envoyer le contingent, à prolonger la durée du service militaire et même à puiser dans les premières classes de la réserve. Le vote a été acquis à la quasi-unanimité de l'Assemblée, y compris les communistes qui, à ce moment, n'avaient aucune confiance dans les meneurs de la rébellion algérienne parce que ceux-ci n'étaient pas communistes. Par les pouvoirs spéciaux, G. Mollet engagea à fond la France dans la guerre d'Algérie, où l'armée était puissamment renforcée et pratiquement libre de faire ce qu'elle voulait. On le vit bien le 22 octobre 1956, quand le commandement militaire en Algérie réussit à détourner sur Alger un avion marocain qui transportait à Tunis l'état-major du F.L.N. dont les membres furent faits prisonniers. Militairement c'était une réussite, mais c'était aussi une violation du droit international puisque l'avion détourné était un avion marocain. D'où les plaintes du Maroc et de la Tunisie. Mais le gouvernement français, capitulant devant les militaires, couvrit leur décision. Il était d'ailleurs dans la logique des choses d'agir ainsi car, si l'on voulait vraiment faire la guerre, il fallait bien en passer par la volonté de l'armée. On allait même être amené à accroître le rôle de celle-ci à la suite de l'attitude des rebelles. Le F.L.N. déclencha à Alger une vague de terrorisme qui frappa indistinctement hommes, femmes et enfants et fit de très nombreux morts. Les autorités françaises ne pouvaient laisser faire ces massacres sans réagir. C'est pourquoi, en janvier 1957, R. Lacoste chargea le général Massu et ses parachutistes du rétablissement de l'ordre à Alger, ce qui fut atteint par ce qu'on appela la bataille d'Alger.

Cependant G. Mollet voulait montrer à la face des puissances étrangères et de l'O.N.U. que la France ne s'en tenait pas à la guerre, mais qu'elle voulait aussi faire des réformes. La commission qu'il réunit pour élaborer celles-ci aboutit à une déclaration qui admettait l'égalité des droits des deux communautés, l'européenne et la musulmane, et une large autonomie de l'Algérie, tout en rappelant les liens indissolubles de l'Algérie avec la France. Mais comme cela restait subordonné au cessez-le-feu, la politique de G. Mollet en Algérie se ramena en pratique à la guerre, ce qui amena même la guerre avec l'Egypte.

2. **L'expédition de Suez.** — Le 26 juillet 1956, le colonel Nasser, maître de l'Egypte et leader du monde arabe, annonça dans un discours fracassant la nationalisation de la Compagnie du Canal de Suez. La France et la Grande-Bretagne se sentirent lésées par cette décision parce qu'elles détenaient le capital de la Compagnie. Pour la France d'autres motifs intervinrent. Une riposte à Nasser parut à G. Mollet et à son ministre de la Défense nationale, le radical Bourgès-Maunoury, l'occasion de porter un coup à la puissance qui était le principal soutien des rebelles d'Algérie. Les militaires avaient déjà dit que la rébellion algérienne serait plus vite écrasée si elle ne recevait pas d'aide extérieure. Une intervention militaire franco-anglaise contre l'Egypte fut décidée dès le début d'août. Mais le passage à l'action traîna en longueur parce que les armées de

la France et de la Grande-Bretagne n'étaient pas prêtes à une telle intervention et parce que les deux puissances furent freinées par les Etats-Unis qui, à l'époque, n'avaient pas d'intérêts à défendre au Moyen-Orient. A la fin d'octobre cependant, les gouvernements français et anglais crurent le moment propice au passage aux armes parce que les Etats-Unis étaient alors paralysés par la proximité d'une élection présidentielle et parce que l'U.R.S.S., qui soutenait à fond l'Egypte, était aux prises avec les révoltes de Pologne et de Hongrie. Ils profitèrent de ce que Israël, menacé dans son existence par la politique panarabe, déclencha le conflit contre l'Egypte le 29 octobre pour entrer à leur tour en guerre. Le 30 octobre, l'aviation franco-anglaise commença à bombarder les aérodromes égyptiens ; le 5 novembre, des parachutistes français et anglais commandés par le général Massu occupèrent Port-Saïd et des débarquements de troupes suivirent.

Mais si, militairement, la situation était favorable à la France et à la Grande-Bretagne, leur situation diplomatique devint vite désastreuse. Dès le 2 novembre, sur une proposition des Etats-Unis, qui, en l'occurrence se tournèrent contre leurs alliés, l'Assemblée de l'O.N.U. vota une résolution qui demandait le cessez-le-feu immédiat. Et surtout, dans la nuit du 5 au 6 novembre, l'U.R.S.S. envoyait à la France, à la Grande-Bretagne et à Israël un ultimatum demandant l'armistice et faisant allusion à la possibilité d'utiliser les armes modernes de destruction contre les deux puissances occidentales. Devant l'épouvante que jeta l'ultimatum soviétique, les opérations furent immédiatement arrêtées. Les troupes franco-britanniques évacuèrent le territoire qu'elles avaient conquis et cédèrent la place à la force internationale envoyée par l'O.N.U. pour assurer la libre circulation sur le canal et garantir la paix entre Israël et l'Egypte. L'expédition de Suez se soldait donc par un échec complet. Pourtant, en France, elle avait trouvé dans l'opinion publique un large appui dans lequel on peut voir un reflet de l'attitude des Français dans la guerre d'Algérie puisque les deux questions étaient liées.

3. L'opinion française et la guerre d'Algérie. — Contrairement à la guerre d'Indochine, qui laissa longtemps les Français indifférents, la guerre d'Algérie provoqua dans l'opinion française des réactions très vives qui commencèrent à s'affirmer avec vigueur à partir de 1956, c'est-à-dire à partir du moment où G. Mollet engagea à fond la France dans cette guerre.

La politique de G. Mollet reçut un appui total de tous les défenseurs de la cause de l'Algérie française. Cette cause était celle de ceux qui, se référant à la Constitution de 1848, pensaient que l'Algérie faisait « partie intégrante du territoire français », qu'il était du devoir de la France d'y maintenir sa souveraineté non seulement pour défendre ses propres intérêts, mais aussi pour protéger les Européens d'Algérie et même pour assurer les meilleures conditions de vie aux indigènes auxquels l'indépendance, estimait-on de ce côté, apporterait la misère et l'anarchie. Le camp de l'Algérie française regroupait des forces politiques très diverses. On y trouvait l'extrême-droite maurrassienne, la plupart des indépendants, une bonne partie du M.R.P. avec G. Bidault, les gaullistes militants groupés autour de J. Soustelle et Debré, bien des radicaux qui suivaient Bourgès-Maunoury et même des socialistes comme R. Lacoste. On ne peut donc assimiler ce camp à la droite. Du reste l'appui à la guerre d'Algérie ne venait pas que de forces politiques. La cause de l'Algérie française trouvait en effet audience dans une très grande partie de l'opinion publique. Les raisons profondes en étaient simples. Il y avait le fait que l'Algérie était toute proche de la France et que les destins des deux pays étaient liés depuis plus d'un siècle. En outre de nombreux Français avaient des parents parmi les Européens d'Algérie et se sentaient solidaires d'eux dans leurs épreuves. Surtout il y eut l'envoi du contingent en Algérie. Par la participation du contingent à la guerre d'Algérie, celle-ci devenait une guerre de la nation. Ce soutien de la plus grande partie de la nation à la politique de Guy Mollet valut à celle-ci d'être qualifiée de « national-mollettisme ».

Cependant la guerre d'Algérie n'avait pas que des partisans en France. Les communistes, après avoir voté les pouvoirs spéciaux, changèrent de camp. Mais les autres adversaires de la guerre d'Algérie ne voulaient pas alors faire cause commune avec eux parce qu'ils étaient indignés par l'approbation que le P.C. avait donnée à la répression par les troupes soviétiques de la révolte de Budapest. Les communistes retombèrent donc dans l'isolement. Au sein même du gouvernement, la politique de Guy Mollet avait suscité des critiques. Celles-ci vinrent d'abord de Mendès France et de Mitterrand, qui avaient changé d'avis depuis leurs déclarations de novembre 1954. Mendès France donna même sa démission de ministre d'Etat le 23 mai 1956, ce qui montrait la fragilité du Front républicain. De son côté G. Defferre préconisait la négociation avec le F.L.N. et l'aile gauche de la S.F.I.O. critiquait de plus en plus G. Mollet. A la cause de l'Algérie française répondait un anticolonialisme doctrinal qui mettait en avant non seulement l'intérêt de la

France, qu'épuisait la guerre d'Algérie, mais surtout la mission libératrice traditionnellement assignée à la France. A partir de 1957, il y eut aussi un anticolonialisme humanitaire. Cela vint des révélations qui furent faites alors sur l'emploi de la torture à laquelle la police et l'armée française croyaient pouvoir recourir pour répondre aux atrocités commises par les rebelles algériens. Beaucoup d'intellectuels de gauche, des syndicalistes, des chrétiens, isolément ou par petits groupes, dénoncèrent la torture comme une atteinte à la dignité de la personne humaine que rien ne pouvait justifier. Par des pétitions, des causeries, des journaux, ils menèrent campagne contre la torture. Mais cette campagne paraissait une atteinte contre l'armée à laquelle le gouvernement avait donné mission de faire la guerre. Des journaux furent saisis par simple décision d'officiers appartenant au ministère de la Défense nationale. En avril 1957, G. Mollet dut cependant accepter la création d'une « Commission de Sauvegarde des Libertés individuelles ».

Au total, il y eut une véritable mobilisation des esprits autour de la guerre d'Algérie. Celle-ci créait un extrême état de tension dans l'opinion française.

4. La relance de la construction européenne. — Si importante qu'ait été l'Algérie dans les préoccupations du gouvernement G. Mollet, elle ne doit pas faire oublier les réalisations de celui-ci dans d'autres domaines, et notamment, à cause de la portée durable qu'elle eut, il faut citer sa politique européenne.

L'échec de la C.E.D. n'avait pas fait disparaître les convictions des « Européens. » La relance de la construction européenne vint des trois ministres des Affaires étrangères du Bénélux qui, en mai 1955, envoyèrent à leurs collègues de la C.E.C.A. un mémorandum préconisant en particulier la mise en commun de l'énergie atomique et la préparation d'une intégration économique générale. Cette proposition aboutit à la réunion, en juin, d'une Conférence à Messine à laquelle le gouvernement E. Faure envoya un représentant. Sans accepter intégralement les points de vue du Bénélux, la Conférence de Messine admit au moins qu'il fallait envisager de nouvelles étapes dans la construction européenne et mit sur pied une procédure qui devait faire progresser l'étude des problèmes.

Du côté français, les élections de janvier 1956 donnèrent une impulsion décisive à la relance européenne. D'une part, par la forte diminution du nombre des élus gaullistes, elles réduisaient l'opposition à l'Europe. D'autre part elles amenèrent au pouvoir G. Mollet, qui, étant un Européen convaincu, fit tout ce qu'il put pour une politique européenne, grâce en particulier à l'action efficace du secrétaire d'Etat aux Affaires étrangères, le radical Maurice Faure.

D'abord des conditions favorables à la poursuite de la construction européenne furent établies par le rapprochement franco-allemand. Le référendum par lequel la Sarre, en octobre 1955, avait massivement voté son rattachement à l'Allemagne, avait jeté quelques nuages sur les relations franco-allemandes. Le contentieux fut levé par l'accord de juin 1956 entre la France et l'Allemagne. La France reconnaissait le rattachement de la Sarre à l'Allemagne à partir du 1er janvier 1957 et une coopération était prévue entre les deux signataires pour la canalisation de la Moselle et l'achèvement du canal d'Alsace.

Sur le plan de la construction européenne proprement dite, les principes dégagés par la Conférence de Messine furent présentés à l'Assemblée nationale avec l'appui du gouvernement. En juin 1956, l'Assemblée approuva le principe de l'Euratom (organisation européenne dans le domaine de la coopération atomique) et, en janvier 1957, elle approuva les principes concernant la Communauté économique européenne. Dans les deux cas, le vote fut acquis à une large majorité, l'opposition rassemblant les communistes, les mendésistes, les républicains sociaux et les poujadistes. Fort de l'appui de sa majorité, G. Mollet put signer, le 25 mars 1957, le traité de Rome, qui instituait, sous le nom de Marché commun, la Communauté économique européenne constituée par les six pays de la C.E.C.A.

5. **La politique économique, sociale et financière.** — N'oubliant pas qu'il était secrétaire général de la S.F.I.O., G. Mollet voulait aussi faire quelque chose de socialiste. Cela devait se manifester dans le domaine économique et social, qui est par excellence celui où les socialistes veulent se différencier des autres. Sur le plan économique, le gouvernement G. Mollet fit voter, en mars 1956, le IIe Plan, qui était en souffrance depuis 1954 parce que le Centre droit était réservé à l'égard de la planification. Dans le cadre du Plan, l'accroissement de la production se poursuivit à un aussi bon rythme annuel (9 %) que dans les années précédentes. Sur le plan social, des conventions collectives aboutirent à une augmentation annuelle des salaires de 4 %. En mars 1956, G. Mollet fit voter la loi des trois semaines de congés payés, ce qui avait un petit parfum de 1936, et le ministre des Finances Ramadier institua en faveur des vieillards un Fonds national de Solidarité qui devait être alimenté par la vignette payée par les automobilistes.

Mais ces avantages furent contrebalancés par une détérioration de la situation financière. Au lieu de la stabilité des années précédentes, les années 1956-1957 virent le retour à l'inflation. Les causes en furent diverses. Il y eut d'abord une crise de confiance des possédants et des entrepreneurs dès l'arrivée des socialistes au pouvoir parce que ceux-ci passent pour vider les caisses de l'Etat. Il y eut aussi l'incidence de la hausse des salaires et des mesures sociales du gouvernement. A cela s'ajoutèrent des causes conjoncturelles. Le gel exceptionnellement élevé des mois de février-mars 1956 provoqua une hausse des prix alimentaires. A la fin de l'année, la crise de Suez amena une hausse des produits pétroliers et des sorties de devises parce qu'il fallut acheter du pétrole aux Etats-Unis à la suite de la destruction des oléoducs du Moyen-Orient demandée par Nasser et de la paralysie du canal de Suez. Enfin la guerre d'Algérie allait peser d'un poids très lourd sur la situation économique et financière de la France, comme elle pesait en même temps sur l'état d'esprit de la nation. Elle exigeait de fortes importations de matériel militaire et elle détournait de leur production normale vers la production d'armements des industries qui étaient précédemment exportatrices. En un mot elle coûtait très cher. Pour remédier à ces difficultés financières, le gouvernement G. Mollet eut recours à une solution socialiste : l'augmentation des impôts. C'est ce qui entraîna sa chute le 21 mai 1957. A l'habituelle opposition des communistes et des poujadistes s'étaient joints soixante-quinze modérés, qui pouvaient donc être considérés comme les vrais auteurs de la chute du gouvernement. Si celui-ci est tombé à propos de sa politique financière, la cause profonde de sa chute était la guerre d'Algérie parce qu'elle était en bonne partie à l'origine de ses difficultés financières et parce que la droite n'avait pas pleinement confiance en G. Mollet pour défendre la cause de l'Algérie française.

IV. — Le régime dans l'impasse

1. Le difficile fonctionnement des institutions. — Pour gouverner dans le système de la IVe République, il fallait trouver une majorité à l'Assemblée nationale. Or, après la chute de Guy Mollet, il était extrêmement difficile de trouver cette majorité à cause de l'atmosphère parlementaire et de la position des partis.

D'abord le Front républicain ne pouvait plus servir de noyau à une majorité pour la simple raison qu'il n'existait plus. Par la défection de Mendès France et de ses amis, il s'était décomposé de l'intérieur comme le Front populaire de 1936, et les mendésistes allaient même passer à l'opposition. De plus les communistes et les poujadistes, qui formaient au total le tiers de l'Assemblée, étaient exclus par les autres partis de toute majorité gouvernementale parce qu'ils étaient des adversaires du régime. On voulait bien se servir d'eux pour faire tomber les gouvernements ou empêcher des Présidents du Conseil pressentis d'être investis, mais pas plus. Enfin aucun des partis fidèles au régime n'avait un nombre suffisant de députés pour constituer à lui seul une majorité. Et encore certains de ces partis étaient affaiblis par des divisions internes. Ainsi, le Parti radical n'était plus qu'une juxtaposition de groupuscules rivaux ; il était divisé entre les partisans d'Edgar Faure, ceux de Mendès France et ceux de Queuille et Morice ; le Parti des Indépendants-Paysans avait une aile droite d'une quarantaine de membres qui était attirée par le poujadisme, ne serait-ce que pour lui enlever ses voix. Il eût fallu une entente entre les partis fidèles au régime. Elle était très difficile parce que ces partis étaient divisés sur les grandes questions de l'heure : les questions financières et économiques et l'Algérie. On ne pouvait donc aboutir qu'à des coalitions passagères ou condamnées à l'immobilisme.

Après trois semaines de crise ministérielle, le radical Bourgès-Maunoury fut investi le 15 juin 1957 d'une extrême justesse. Il constitua un gouvernement composé de socialistes et de radicaux non mendésistes. Il obtint le vote des impôts qui avaient été refusés à son prédécesseur et fit ratifier le traité de Rome. Mais le 30 septembre, trois mois et demi après sa formation, il était renversé sur un projet de loi-cadre en Algérie dont nous reparlerons plus loin. Il s'ensuivit une crise ministérielle de trente-cinq jours pendant laquelle la confiance fut refusée aux pressentis de diverses tendances, Pleven, Pinay, R. Schuman, Guy Mollet. C'était le jeu de massacre pendant lequel chaque parti renvoyait à l'autre la monnaie de sa pièce. Finalement à la faveur de la lassitude générale, Félix Gaillard, jeune notable radical de trente-huit ans, fut investi presque par tous les partis situés entre le P.C. et les poujadistes. Il constitua un gouvernement d'Union nationale comprenant des modérés, des M.R.P., des radicaux, des socialistes et le républicain-social Chaban-Delmas, qui reçut le ministère de la Défense nationale. C'était une union aussi large que factice. F. Gaillard ne manquait certes ni de talent ni de sens de l'Etat, mais il se trouvait en face d'une situation qui eût exigé une large cohésion de ceux qui l'avaient investi. La situation financière en particulier était catastrophique. L'inflation continuait, la balance des paiements était déficitaire comme le budget, la France avait épuisé ses devises. Comme ministre des Finances du gouvernement Bourgès-Maunoury puis comme président du Conseil, F. Gaillard essaya de remédier à cette situation. Il réussit une dévaluation déguisée de 20 % qui permit une légère reprise des exportations. Mais, au début de 1958, il dut envoyer J. Monnet quémander une fois de plus des subsides américains. Mais il ne trouva pas une majorité pour accepter les remèdes énergiques qui s'imposaient.

Tout cela, instabilité gouvernementale, longues crises ministérielles, impossibilité de trouver des majorités décidées à apporter des solutions aux problèmes essentiels, montrait les difficultés du fonctionnement des institutions. Le régime semblait engagé dans une impasse. Et comme toujours en pareil cas, on en revenait à l'idée de réviser la Constitution. Il avait été démontré par l'expérience que la petite réforme de Mendès France ne résolvait rien. Il fallait aller beaucoup plus loin. Le président Coty avait dit dans son message aux Français pour le 1er janvier 1958 : « Nos institutions fondamentales ne sont plus accordées au rythme des temps nouveaux. » Pour étudier le problème et rechercher des solutions, F. Gaillard avait nommé dans son gouvernement un « ministre de la Réforme constitutionnelle et électorale » et il réunit des « tables rondes », c'est-à-dire des Conférences des leaders des diverses tendances politiques. Mais il ne sortit rien de tout cela. Les milieux parlementaires se montraient impuissants à réformer le régime. Aussi commençait-on dès ce moment à se tourner vers le général de Gaulle. A la fin de 1957 et au début de 1958, celui-ci reçut, dans sa retraite de Colombey, de nombreux visiteurs, aussi bien de droite que de gauche. En même temps, sentant venir le vent, les gaullistes commençaient à se montrer très actifs. Pour atteindre l'opinion publique, M. Debré et J. Soustelle fondèrent de nouveaux journaux dans lesquels ils attaquaient le régime avec virulence. Dans la coulisse, certains gaullistes s'organisaient pour passer à l'action directe le moment venu et le ministère de la Défense nationale, avec Chaban-

Delmas, était déjà largement entre leurs mains. En ce début de 1958, les observateurs lucides voyaient bien que le régime ne tenait plus qu'à un fil tant par ses faiblesses internes que par les menées de ses adversaires. Ce fut de l'Algérie que vint le coup de grâce.

2. **L'Algérie.** — Bien que Guy Mollet eût engagé la France dans la guerre d'Algérie, l'unanimité ne régnait pas non plus sur ce point. L'opinion continuait à être déchirée entre partisans de l'Algérie française et anticolonialistes de toute sorte, dont certains allaient jusqu'à apporter une aide au F.L.N. malgré le terrorisme qu'il commençait à étendre à la France métropolitaine elle-même. Au Parlement, il ne se trouvait de majorité ni pour une victoire à tout prix ni pour une paix négociée. Sur cette affaire d'Algérie, qui restait pour eux la plus grave préoccupation, les gouvernements Bourgès-Maunoury et F. Gaillard étaient aussi dans une impasse. Aucune solution ne semblait possible comme allaient le montrer trois faits.

A) *La loi-cadre.* — R. Lacoste, qui resta ministre-résident en Algérie après la chute de Guy Mollet, pensait qu'il ne suffisait pas de lutter contre la rébellion mais qu'il fallait aussi essayer de rallier l'opinion musulmane pour couper les racines de celle-ci. Dans ce but il élabora un projet de loi-cadre, c'est-à-dire une loi qui devait mettre sur pied un nouveau cadre institutionnel de l'Algérie en réformant son organisation administrative. Le projet initial prévoyait un découpage de l'Algérie en plusieurs territoires pourvus d'assemblées locales et formant ensemble une fédération s'exprimant dans un Parlement et un Conseil fédératif. Cette Algérie resterait unie à la France. Un des gros points de litige de ce projet était le Collège unique, ce qui signifiait que les élections aux assemblées locales et fédérales se feraient en un seul Collège où seraient réunis Musulmans et Européens. Il s'agissait donc d'établir l'égalité politique des deux communautés jusque-là distinctes. Les Européens d'Algérie étaient très hostiles à ce projet qui leur enlevait leurs privilèges politiques. Ils trouvèrent de vigoureux défenseurs au Parlement de Paris. Il y avait là en particulier quatre leaders appartenant à des partis politiques différents, J. Soustelle, gaulliste, R. Duchet, indépendant, G. Bidault, M.R.P., et A. Morice, radical, qui avaient en commun une position intransigeante sur le maintien de la souveraineté française en Algérie et animaient un groupe de parlementaires et autres personnalités fondé en 1956 et appelé l' « Union pour le Renouveau et la Sauvegarde de l'Algérie française ». Ce fut l'un d'eux, J. Soustelle, qui attaqua avec vigueur le projet de loi-cadre quand celui-ci fut présenté à l'Assemblée nationale par le gouvernement Bourgès-Maunoury. Des députés de tous les partis se joignirent alors aux communistes et aux poujadistes pour repousser le projet et du même coup faire tomber Bourgès-Maunoury. Le gouvernement Gaillard reprit le projet Lacoste mais il l'édulcora et atténua notamment la portée du Collège unique. De plus il fut ajouté que, si elle était votée, la loi-cadre n'entrerait en vigueur que trois mois après le retour au calme. Aussi les défenseurs de l'Algérie française se rallièrent sans difficulté à cette loi qui fut votée le 28 janvier 1958 et dont nul ne savait alors ni quand ni comment elle pourrait servir de cadre à l'Algérie.

B) *Les tentatives de médiation.* — Quelques jours avant le vote de la loi-cadre, le sultan du Maroc

Mohamed V et le Président de la République tunisienne, Habib Bourguiba, offrirent leur médiation à la France dans la guerre d'Algérie. Ils proposèrent à la France de reconnaître « la souveraineté algérienne ». Volontairement, sur la suggestion de Bourguiba, le mot « indépendance » n'avait pas été prononcé pour ne pas choquer la susceptibilité française. Mais on ne savait pas si pour autant le F.L.N. avait renoncé à l'indépendance. Alors que les partisans de l'Algérie française ne voulaient pas entendre parler de la proposition tuniso-marocaine, le gouvernement lui-même se montra divisé : certains de ses membres, comme R. Lacoste, voulaient un refus catégorique, d'autres, comme le Président du Conseil, voulaient un refus nuancé. Finalement ce fut un non poli pour Mohamed V, envers qui on avait conservé certains égards, et un non plus sec pour Bourguiba. Au reste le gouvernement se sentait plus fort à ce moment parce que la situation militaire s'était améliorée. Les rebelles avaient subi de lourdes pertes. Ils disposaient cependant encore d'un armement important qui leur venait du Caire et des pays de l'Europe de l'Est, voire des Etats-Unis et de l'Angleterre qui vendaient des armes à la Tunisie, laquelle en livrait une partie aux rebelles algériens. La guerre continuait donc. Et ce fut peu après le vote de la loi-cadre et le refus de la médiation qu'éclata l'incident de Sakhiet.

C) *L'incident de Sakhiet et la chute du gouvernement Gaillard.* — Le samedi 8 février 1958, entre 11 heures et midi, des avions français bombardèrent le village tunisien de Sakhiet Sidi Youssef, situé à proximité de la frontière algéro-tunisienne. Soixante-neuf personnes furent tuées, dont vingt et un enfants. L'émotion fut considérable à l'étranger comme en

France. Pour les uns, c'était une « réaction légitime », pour les autres, c'était « un crime, une erreur et une faute ». Chacun se doutait que l'incident aurait de graves conséquences, mais nul ne vit cependant jusqu'où allait conduire l'enchaînement des événements.

Le bombardement de Sakhiet eut pour cause le fait que les rebelles algériens trouvaient abri dans ce village et dans d'autres villages tunisiens proches de la frontière, faisant depuis là des incursions en Algérie et s'y repliant ensuite pour échapper aux représailles françaises. Le commandement militaire français, lassé de ces manœuvres, décida de réagir en exerçant le droit de poursuite sous la forme du bombardement de Sakhiet. Son erreur fut d'avoir fait ce bombardement un jour de marché et d'avoir cru que l'école était vide. De plus il décida cette opération sans consulter le gouvernement. F. Gaillard fut alors pressé de divers côtés, notamment par les socialistes, de condamner les militaires qui avaient pris la décision. Il s'y refusa en disant : « Jamais l'armée ne l'acceptera. » Ainsi, comme pour l'enlèvement de Ben Bella en octobre 1956, le gouvernement couvrait une initiative du commandement militaire en Algérie. Une fois de plus un gouvernement de la IVe République pliait devant l'armée. Mais comment pouvait-on ordonner à l'armée de faire la guerre si on ne lui en laissait pas les moyens ?

La réaction tunisienne à l'événement de Sakhiet fut extrêmement vive. Le gouvernement tunisien plaça l'affaire sur le plan international et saisit le Conseil de Sécurité de l'O.N.U. Les Etats-Unis et la Grande-Bretagne, pour essayer d'apaiser les esprits, offrirent leurs « bons offices » à la Tunisie et à la France, qui finalement les acceptèrent. Deux négociateurs, l'un anglais et l'autre américain, feront pendant cinquante jours la navette entre Paris et Tunis pour essayer de les mettre d'accord. Mais Bourguiba refusa qu'il y eût, comme le demandait la France, un contrôle de la frontière algéro-tunisienne. Malgré l'absence de ce contrôle, le gouvernement Gaillard, sur la pression des Etats-Unis, accepta le projet des négociateurs comme base du rétablissement des relations avec la Tunisie et décida, le 12 avril, de soumettre sa politique à l'avis de l'Assemblée nationale. Dans le débat qui suivit, il se heurta à une double opposition : celle de l'extrême-gauche qui, comme d'habitude, dénonçait les visées de l'impérialisme américain et réclamait une autre politique en Algérie ; celle de certains modérés ou gaullistes qui, cédant au réflexe nationaliste, voyaient dans la procédure des « bons offices » une inadmissible internationalisation de la question algérienne portant atteinte à la souveraineté française et accusaient F. Gaillard de céder au chantage de Bourguiba et d'abandonner l'Algérie. Malgré les claires dénégations du Président du Conseil, sa politique fut repoussée par 321 voix. Cette opposition regroupait les communistes, une vingtaine de députés de gauche dont Mendès France et Mitterrand, les poujadistes et la plus grande partie des indépendants et des gaullistes. Les défenseurs de l'Algérie française se retrouvaient une fois de plus dans le vote aux côtés de leurs adversaires les plus acharnés. On s'enfonçait dans l'incohérence. Mais cette fois les conséquences du vote de tous ceux qui s'étaient prononcés contre le gouvernement allaient être très graves car, mis en minorité, F. Gaillard démissionna le 15 avril et la crise ministérielle qui s'ouvrit allait créer les circonstances d'où sortirait la chute du régime.

Chapitre IV

LA CHUTE DE LA IVe RÉPUBLIQUE

I. — La crise finale

1. La genèse de la crise. — A) *Le jeu politique à Paris.* — Au cours de la crise ministérielle, le jeu politique fut mené selon les rites habituels et avec plus de lenteur que jamais. Le problème était avant tout de chercher s'il était possible de constituer une majorité sur la politique algérienne. A cette difficulté s'ajoutèrent les manœuvres de certains partis qui, par aveuglement ou légèreté d'esprit, ne firent que compliquer les choses sans tenir compte de la situation en Algérie.

Les leaders de l'Algérie française étant largement responsables de la chute de F. Gaillard, l'un d'entre eux, G. Bidault, fut d'abord pressenti. Mais son propre Parti, le M.R.P., l'abandonna, se refusant à le suivre dans sa politique de fermeté en Algérie. Puis Pleven, après s'être livré à de longues négociations pour élaborer une politique algérienne, se heurta au refus de participation de la S.F.I.O. très divisée depuis la politique algérienne de G. Mollet. P. Pflimlin, président du M.R.P., apparut comme le seul recours. Les socialistes continuant à refuser leur participation, il constitua sans eux un gouvernement axé au Centre droit. Mais il passait pour être partisan d'une politique libérale en Algérie, c'est-à-dire pour une politique de concessions aux Musulmans et de négociations avec les rebelles.

Aussi son choix déclencha l'opposition de tous les adversaires de cette politique, certains se révélant être des adversaires du régime.

B) *La tension en Algérie.* — Pour les Français d'Algérie, l'Algérie ne pouvait être que « l'Algérie française » et toute annonce de concessions aux rebelles leur semblait le début d'un abandon. Mais s'ils avaient des réactions défensives, ils n'avaient pas de réactions politiques à l'exception de ceux que la métropole appelait des « activistes ». Ceux-ci préparaient des complots désordonnés mais leur prise sur la foule des Français d'Algérie, et notamment sur la foule algéroise, leur donnait une force réelle. Il s'agissait pour eux de mettre cette foule en mouvement, de la faire manifester, ce qui se produisit au cours de la crise ministérielle, le 26 avril, sans que Paris y prît garde. Mais une manifestation à Alger, et à plus forte raison une insurrection, ne pouvait réussir que si l'armée la tolérait puisque l'armée assurait l'ordre à Alger. Par conséquent la position de l'armée était capitale.

Au printemps de 1958, la préoccupation essentielle de l'armée était de gagner la guerre d'Algérie et elle était persuadée qu'elle pouvait le faire si on lui en donnait les moyens. La guerre d'Algérie était pour elle une question de patriotisme. Mais certains jeunes officiers de métier estimaient que l'armée pouvait se mêler de politique et même renverser le pouvoir civil si celui-ci ne lui donnait pas le moyen de gagner la guerre d'Algérie. Mais ils ne savaient vers qui se tourner pour remplacer les politiciens de la IVe République.

C) *L'action des gaullistes.* — L'idée des gaullistes fut d'utiliser l'inquiétude des Français d'Algérie et le mécontentement de l'armée pour un changement de régime en faveur de de Gaulle. Pendant que traînait la crise ministérielle, certains gaullistes se mirent, eux aussi, à comploter, sans du reste que de Gaulle se mêlât à leurs intrigues. Au cours d'allées et venues entre Paris et Alger, ils établirent des contacts avec des Français d'Algérie et des chefs militaires en vue de les rallier à de Gaulle. Le succès du 13 mai sera dû au ralliement des diverses oppositions au régime ou à sa politique en Algérie à l'entreprise des gaullistes.

2. **Le 13 mai.** — Le 13 mai 1958, jour où Pflimlin demandait l'investiture à l'Assemblée nationale, les activistes, en accord avec certains gaullistes, déclenchèrent une manifestation à Alger. En fin d'après-midi la manifestation tourna à l'insurrection : le Gouvernement général, siège du pouvoir civil, fut envahi par des manifestants, surtout des jeunes, et les parachutistes, responsables de l'ordre, laissèrent faire. Des activistes, des gaullistes et des militaires formèrent un Comité de Salut public placé sous la présidence du général Massu. Sous la forme de ce Comité, il y avait donc à Alger une autorité insurrectionnelle.

Pendant ce temps à Paris, le débat à l'Assemblée nationale fut plusieurs fois interrompu par l'annonce des événements d'Alger, mais, dans la nuit, Pflimlin n'en fut pas moins investi. Peu après, à Alger, le général Massu donna lecture d'un communiqué du Comité de Salut public signifiant qu'Alger ne reconnaissait pas le gouvernement Pflimlin et faisait appel à de Gaulle. Ainsi les gaullistes avaient convaincu les activistes et les militaires du Comité de se tourner vers de Gaulle. Pflimlin pourrait-il se maintenir contre l'insurrection algéroise ? De Gaulle voudrait-il ou pourrait-il être l'arbitre entre le pouvoir légal et le pouvoir insurrectionnel ? La crise ministérielle était terminée, mais la crise du régime était ouverte.

3. Le déroulement de la crise. — Dans la situation confuse qui régna les jours suivants, le plus important fut l'offre de de Gaulle d'apporter une solution à la crise. Le 15 mai, il fit une déclaration dans laquelle il se disait « prêt à assumer les pouvoirs de la République ». Mais comme il ne disait pas par quels moyens — l'appui des parachutistes ou la procédure parlementaire ? —, il n'en résulta qu'irritation parmi les milieux politiques favorables au régime. Alors, le 19 mai, de Gaulle tint une conférence de presse dans laquelle il eut des paroles aimables pour les socialistes, sans lesquels il n'y avait pas de majorité possible à l'Assemblée nationale, et il donna des garanties aux défenseurs de la légalité républicaine. En la personne de Pinay, il obtint presque aussitôt le ralliement de la droite classique. Mais Guy Mollet, qui avait déjà choisi de Gaulle par crainte de la dictature militaire ou du Front populaire avec les communistes, eut du mal à convaincre les socialistes, chez lesquels de Gaulle était l'objet de tenaces appréhensions. Enfin Pflimlin n'était pas décidé à se retirer. Pour surmonter ces obstacles il faudra une menace de guerre civile.

Le 24 mai l'insurrection s'étendit à la Corse, où des Comités de Salut public se formèrent avec l'appui de parachutistes venus d'Algérie. Une opération du même type en France fut annoncée pour la nuit du 27 au 28 mai. Comme le gouvernement n'était sûr ni de l'armée ni de la police pour y résister, la guerre civile pouvait en résulter. Pflimlin comprit alors que la seule issue était qu'il passât la main à de Gaulle. Mais celui-ci le devança. Après avoir eu avec Pflimlin une entrevue d'où il n'était rien sorti de précis, il publia le 27 mai un communiqué dans lequel il disait avoir « entamé le processus régulier nécessaire à l'établissement d'un gouvernement républicain ». Mis au pied du mur, Pflimlin démissionna le 28. Le même jour, les formations de gauche, partis et syndicats, organisèrent à Paris une manifestation « pour la défense de la République ». Son faible succès, de même que celui de manifestations du même genre organisées en province, montrait que le peuple de France ne se soulevait pas pour défendre la IVe République. En droit comme en fait, la voie était donc maintenant libre pour de Gaulle.

4. **Le dénouement.** — Le 29 mai, usant d'une procédure exceptionnelle mais constitutionnelle, le Président de la République adressa au Parlement un message dans lequel il l'informait qu'il avait fait appel « au plus illustre des Français » comme Président du Conseil. Le 1er juin, après avoir formé son gouvernement et respectant les formes légales, de Gaulle vint lui-même lire sa déclaration d'investiture à l'Assemblée nationale. Il fut investi malgré l'opposition des communistes, de la moitié des socialistes et d'un bon nombre de radicaux, Mendès France et Mitterrand s'étant avec détermination prononcés pour l'opposition.

Mais de Gaulle ne se contenta pas d'être investi. A ses yeux, il y avait une tâche plus urgente, la réforme des institutions, qui ne pouvait se faire que par un changement de constitution. C'est pourquoi, le 2 juin, il demanda les pouvoirs constituants pour son gouvernement. Mais d'après l'article 90 de la Constitution de 1946, le principe d'une révision de la Constitution ne pouvait être décidé que par l'Assemblée nationale seule. Celle-ci apporta satisfaction à de Gaulle en se tirant de la difficulté par un artifice : dans la nuit du 2 au 3 juin, elle vota la révision de l'article 90, ce qui revenait à donner au gouvernement de Gaulle le pouvoir de réviser la Constitution. En réalité, c'était un changement de régime qui en résulterait. Juridiquement, la IVe République est donc morte dans cette nuit du 2 au 3 juin. Une fois de plus dans notre histoire, le barrage de papier qu'est un texte constitutionnel n'avait pu résister à la pression des événements.

Ainsi l'insurrection d'Alger du 13 mai précipita un appel à de Gaulle qui était déjà dans l'air depuis l'hiver précédent et amena du même coup la chute de la IVe République. Du moins de Gaulle avait-il évité à la France une guerre civile et était-il arrivé au pouvoir selon une procédure conforme au respect de la légalité.

II. — Essai d'explication

Après avoir étudié la crise d'où sortit la chute de la IVe République, il faut maintenant chercher les causes de cette chute et essayer d'en donner une explication.

Comme nous venons de le voir, c'est l'insurrection des Français d'Alger, tolérée par l'armée et utilisée par les gaullistes, qui fit tomber la IVe République. S'il y eut cette insurrection, ce fut à cause de l'incertitude de la politique algérienne du gouvernement. Il semble donc à première vue que l'Algérie fut la cause de la chute du régime. Cependant, si l'on en juge par comparaison, on est amené à d'autres conclusions. En effet, la Ve République à ses débuts n'avait pas plus de politique algérienne que la IVe ; bien plus, elle se trouva aux prises avec des événements bien plus graves que le 13 mai provoqués par l'affaire d'Algérie : les barricades d'Alger, le putsch des généraux, le terrorisme de l'O.A.S. Et la Ve République n'est pas morte de ces difficultés venues d'Algérie. Elle a pu leur résister parce qu'elle avait des forces que la IVe République n'avait pas. La crise algérienne de mai 1958 ne fut en réalité que la cause occasionnelle de la chute de la IVe République. D'autres causes ont agi en profondeur. Il faut les chercher dans les faiblesses du régime.

Au terme de cette étude, nous pouvons nous rendre compte de ce qui faisait de la IVe République un régime faible. On remarquera d'abord que, au cours de son existence même, elle subit une double opposition. D'une part, de 1947 à 1953, les gaullistes l'attaquèrent avec virulence et même ensuite l'ombre réprobatrice du général de Gaulle pesa toujours sur elle. D'autre part, les communistes ne se rallièrent jamais au régime qui les avait écartés du pouvoir en 1947. Ces deux oppositions ont affaibli le régime parce qu'elles détournèrent de lui une partie importante de l'opinion comme le montrent les statistiques électorales. Mais leurs critiques n'auraient pas eu tant de prise sur l'opinion si le régime n'y avait pas tant donné lieu. Autrement dit, ce n'est pas dans la conjonction de deux oppositions que, comme on le fait souvent, il faut chercher la cause essentielle de la faiblesse de la IVe République. C'est à l'intérieur du régime lui-même.

On se souvient de la fragilité du régime à sa naissance : il ne fut approuvé que par un bon tiers des Français. Avec le temps, il aurait pu gagner les indifférents et les hostiles. Il ne le fit que partiellement. On en a la preuve formelle dans le résultat des élections législatives. En 1951, on l'a vu, les partis qui soutenaient le régime n'obtinrent que

51 % des suffrages. En 1956, 52 % des électeurs soutinrent réellement le régime contre tous ceux qui, communistes, mendésistes, gaullistes, poujadistes, s'opposaient à ce régime ou à son fonctionnement. Il ne s'est donc jamais dégagé un grand courant d'opinion favorable à la IVe République, comme, sous des étiquettes diverses et dans la pluralité des partis, il y en eut un favorable à la IIIe République. On peut en chercher la raison beaucoup plus que dans les institutions elle-mêmes, dans leur mauvais fonctionnement. Nous avons vu les aspects divers de celui-ci : inachèvement du mandat des trois législatures, difficulté de trouver un Président de la République en 1953, longues crises ministérielles qui, les unes ajoutées aux autres, créèrent une vacance du pouvoir pendant des mois, surtout instabilité gouvernementale. Ce fut là le fait le plus frappant. Pendant les onze ans et sept mois que dura le régime, et sans tenir compte des gouvernements fantômes qui ne durèrent qu'un ou deux jours, il y eut dix-neuf gouvernements. On pourrait rétorquer que la stabilité des ministres fit contrepoids à cette instabilité des gouvernements. On vit des hommes comme H. Queuille, R. Schuman, P. Pflimlin, R. Pleven et bien d'autres faire partie de nombreux gouvernements, le record étant détenu par F. Mitterrand, qui participa à neuf des gouvernements qui eurent une existence réelle, et E. Faure à onze, l'un et l'autre se retrouvant dans toutes les combinaisons, aussi bien dans la troisième force qu'aux côtés de Laniel et de Mendès France. Mais cette stabilité des ministres n'entraînait qu'une continuité factice, car les gouvernements auxquels ils appartenaient reposaient sur des majorités différentes et ne menaient pas toujours la même politique.

Pour aller plus loin dans l'explication, il faudrait rechercher les causes de ce mauvais fonctionnement des institutions, et particulièrement de l'instabilité gouvernementale. Cela vient essentiellement du type de régime qu'était en fait la IVe République. C'était un régime d'Assemblée. Cela signifie que l'élu parlementaire se considère comme le détenteur réel du pouvoir et qu'il ne considère le ministère que comme le détenteur d'une délégation du pouvoir qu'il lui concède parcimonieusement et momentanément. Dans ces conditions, il suffisait d'un changement d'humeur de quelques députés pour renverser le ministère. Sans doute si les partis qui soutenaient le régime avaient constitué un ensemble cohérent et à plus forte raison s'il y avait eu un parti majoritaire, ce système aurait pu donner un gouvernement stable et fort. Mais il n'en était rien car, sous la IVe République, il n'y avait pas de parti majoritaire et les partis fidèles au régime ne formaient que des coalitions de rencontre. Ils pouvaient s'accorder contre leurs opposants, gaullistes et communistes, comme ils le firent surtout au temps de la troisième force, mais à part cet accord négatif, ils ne s'entendaient pour rien. Socialistes, radicaux, républicains populaires et indépendants étaient même profondément divisés sur toute autre question que la défense du régime. Leur désaccord éclatait sur le problème scolaire, qui était encore un problème idéologique, sur l'attitude économique, où ils se divisaient en dirigistes et libéraux, et sur la question qui, finalement provoqua la chute du régime, la question d'Outre-Mer, où le clivage qui séparait partisans et adversaires du maintien de la souveraineté française dans ses colonies passait parfois même à l'intérieur des partis. En gros on peut dire que les partis entretenaient ou suscitaient dans l'opinion

des sentiments ou des ressentiments d'un autre âge sans se préoccuper de l'intérêt réel de la France de la seconde moitié du xxe siècle. De même le régime qu'ils soutinrent, la République des députés, était un régime du passé. Ce régime avait eu ses belles années entre 1880 et 1914 et peut-être encore dans les années 20, mais, dans les années 1950, il n'était qu'une restauration vouée à l'échec.

On peut même dire que la majorité des Français avait, consciemment ou non, le sentiment que ce type de régime était périmé. Un fait est significatif à cet égard : les deux seuls Présidents du Conseil qui furent populaires sous la IVe République, Pinay et Mendès France, avaient un style de gouvernement d'allure gaullienne. On s'en rend encore mieux compte si l'on replace la IVe République dans une longue durée. On s'aperçoit alors qu'elle s'intercale entre deux régimes tout à fait différents d'elle et qui ont en commun d'avoir été des régimes à exécutif fort, le régime de Vichy et la « République gaullienne », tous deux ayant été approuvés par le plus grand nombre des Français au moins à leurs débuts. Bien plus, dès les années 30, le système de la République des députés était déjà fortement critiqué en France aussi bien à droite qu'à gauche. Cela venait de sa difficulté à faire face aux graves problèmes de l'heure : la grande crise économique, les menaces que faisaient peser sur la paix les régimes totalitaires. Une fois passée la grande épreuve de la seconde guerre mondiale, ce régime semblait inadapté aux problèmes du monde moderne. Le gaullisme pouvait lui reprocher ses institutions. Quant au communisme, il souhaitait autre chose qu'un changement d'institutions : une révolution économique et sociale. Mais il prenait à cette époque comme modèle le régime soviétique caractérisé par la dictature d'un parti unique. Par là même, et en attirant un grand nombre de Français, il portait un coup très dur à la République telle qu'on la concevait traditionnellement en France, c'est-à-dire régime de liberté et d'individualisme. La tentative du M.R.P. de réconcilier la République et le christianisme ne pouvait pas compenser cette perte que le communisme faisait subir à la République, car celle-ci était trop liée, dans la tradition française, à la laïcité pour que la tentative démocrate-chrétienne eût une portée profonde. Au total, la République de type français traditionnel avait perdu son prestige et son attrait auprès du plus grand nombre des Français. La mystique républicaine avait perdu sa vitalité. Cette anthologie de la mystique républicaine qu'est *La République nous appelle* de Gaston Bonheur ne comprend pas un texte écrit sous la IVe République. C'est encore quelque chose de significatif.

Un régime n'est solide que s'il s'appuie sur une ou des classes sociales qui y trouvent l'expression de leur idéal et la défense de leurs intérêts. Nous venons de voir que la IVe République n'était plus un idéal pour beaucoup de Français. Elle ne pouvait défendre les intérêts de classes sociales particulières, comme la IIIe République avait passé pour le faire aux yeux des paysans et de la bourgeoisie, pour la première raison qu'elle ne s'appuyait sur aucune classe sociale. En effet, les partis qui soutenaient le régime, comme d'ailleurs ceux qui y étaient opposés, trouvaient tous leur électorat dans des classes sociales diverses. En France, chaque parti a un recrutement social multiple, y compris le Parti communiste quoiqu'il se dise le parti ouvrier. De plus, pour qu'une ou des classes sociales trouvent dans un régime la défense de leurs intérêts, il faudrait d'abord qu'il y ait des classes sociales stables, comme celle des notables, par exemple, au XIXe siècle. Tel n'était pas le cas sous la IVe République. La France commença alors à entrer dans la plus rapide et la plus profonde transformation économique de son histoire. Il en résulta des mutations sociales qui étaient alors en plein accomplissement. Tout ce qu'on peut dire, comme l'a montré R. Priouret (1), c'est que le gouvernement des députés ne correspondait pas aux aspirations des classes sociales ascendantes, les directeurs, les cadres, les ouvriers intégrés, qui lui reprochaient de manquer de la

(1) *La République des députés*, chap. XII.

durée et de l'efficacité nécessaires pour orienter fermement le pays dans la voie du progrès économique. Les classes déclinantes, petits boutiquiers, petits agriculteurs, membres des professions libérales, pouvaient encore avoir l'illusion de voir dans leurs députés les défenseurs de leurs intérêts et même aller dans ce sens jusqu'à un poujadisme qui n'était que l'expression d'une « grogne » rétrograde, cela n'était pas un appui réel pour le régime. Un régime ne peut vivre de l'appui d'une société en déclin. Ainsi à tous égards, par ce qu'étaient devenues en pratique ses institutions, par sa référence à une idéologie qui avait cessé de s'enrichir, par le soutien que lui apportaient des milieux sociaux déclinants, la IVe République apparaît comme une résurgence du passé. C'était là que, en profondeur, se trouvait sa faiblesse.

Certes le peuple de France ne se souleva pas contre la IVe République. Mais il ne se souleva pas non plus pour la défendre. Il ne la fit pas tomber, mais il la laissa tomber. Par là il montrait son indifférence, sinon son hostilité envers ce régime.

S'il n'y avait pas eu le 13 mai, la IVe République aurait-elle vécu encore longtemps ? On peut en douter. L'Algérie a été l'occasion de sa chute. Mais il semble que, étant donné sa faiblesse interne, elle eût été incapable de résister à n'importe quelle crise grave dans quelque domaine que ce fût.

CONCLUSION

« La Première République nous a donné la terre. A la Seconde République nous devons le suffrage universel. Le don de la Troisième République s'appelle le Savoir. » Toute exagérée qu'elle soit à certains égards, cette appréciation de Jules Ferry n'en exprime pas moins une réalité : à savoir que chacune des trois premières Républiques a laissé une œuvre de grande portée et qui se grave aisément dans la mémoire d'un peuple. On ne peut rien porter de tel au crédit de la IVe République. Des républicains de la même lignée que Jules Ferry ont aussi dit, sous la IIIe République, que la gloire de celle-ci était d'avoir donné à la France un Empire colonial. La IVe République a perdu une partie de celui-ci et avait bien du mal à maintenir la souveraineté de la France dans ce qui en restait. Elle ne pouvait sans doute pas faire autrement, mais enfin ce n'était pas glorieux, surtout quand on avait tant exalté l'œuvre coloniale de la République précédente. Est-ce à dire pour autant, comme on a coutume de le faire, que le bilan de la IVe République soit entièrement négatif ?

D'abord on a tendance à oublier que ce régime a connu un temps fort : celui de la troisième force. Tenue fermement en main par des partis unis par leur volonté de défendre le régime contre ses adversaires, la IVe République a alors montré de la vigueur en épongeant la marée gaulliste et en résistant victorieusement à l'assaut communiste. Elle a à ce moment et jusqu'au terme de sa durée assuré la sécurité de la France par sa politique extérieure et même elle a finalement fortifié cette sécurité en préparant la défense nucléaire. En même temps, elle faisait preuve d'un esprit novateur en faisant jouer un grand rôle à la France dans la construction européenne. Sur le plan intérieur, elle a fait preuve de dynamisme en menant à bonne fin la reconstruction économique du pays et en orientant l'économie dans la voie de l'expansion et de la modernisation. Enfin elle commença à sortir la France de la vieille querelle scolaire en apportant un début de solution au problème de l'enseignement privé par la loi Barangé. De tout cela, le régime suivant a hérité et en bonne partie le continuera.

Mais ces aspects positifs du bilan de la IVe République sont souvent passés inaperçus dans la grisaille d'une vie politique sans éclat et se déroulant sous des formes mesquines et désuètes. Ils ont été aussi éclipsés par le drame des affaires d'Outre-Mer, qui a fini par passer au premier plan et déchirer la nation. Cependant avec le recul et si l'on veut se dégager des passions partisanes, on est amené à conclure que la IVe République ne mérite pas tous les opprobres dont on a pris l'habitude de l'accabler.

BIBLIOGRAPHIE

L'année politique, 1 vol. par an de 1944-1945 à 1958.
V. AURIOL, *Journal du septennat*, 7 vol.
J. BARSALOU, *La mal-aimée, histoire de la IVe République*, 1964.
J. CHAPSAL, *La vie politique en France depuis 1940*, 1972.
J.-J. CHEVALLIER, *Histoire des institutions et des régimes politiques de la France de 1789 à nos jours*, 1981.
G. DUPEUX, *La France de 1945 à 1965* (coll. « U »), 1969.
M. DUVERGER, *Institutions politiques et droit constitutionnel*, 1966.
G. ELGEY, *Histoire de la IVe République.*
— *La République des illusions, 1945-1951*, 1965.
— *La République des contradictions, 1951-1954*, 1968.
J. FAUVET, *La IVe République*, 1959.
R. GIRARDET, *L'Idée coloniale en France*, 1972.
— *La crise militaire française, 1945-1962*, 1964.
F. GOGUEL, *Le régime politique français*, 1955.
A. GROSSER, *La IVe République, sa politique extérieure*, 1961.
S. HOFFMAN, *Le mouvement Poujade*, 1956.
J. JULLIARD, *La IVe République*, 1968.
G. LEFRANC, *Les gauches en France, 1789-1972*, 1973.
P.-M. DE LA GORCE, *L'après-guerre*, 1978.
— *Apogée et mort de la IVe République (1952-1958)*, 1979.
P. LIMAGNE, *L'éphémère IVe République*, 1977.
C. NICOLET, *Le radicalisme*, 1967 (coll. « Que sais-je ? »).
M. PARODI, *L'économie et la société française de 1945 à 1970*, 1971 (coll. « U »).
R. RÉMOND, *La droite en France*, 1968.
J.-P. RIOUX, *La France de la IVe République*, t. I, 1980.
Ph. ROBRIEUX, *Histoire intérieure du Parti communiste*, t. 2 : *1945-1972*, 1981.
P. ROUANET, *Mendès France au pouvoir (1954-1955)*, 1963.
Ph. WILLIAMS, *La vie politique sous la IVe République*, 1971.
X. YACONO, *Les étapes de la décolonisation française*, 1971 (coll. « Que sais-je ? »).

TABLE DES MATIÈRES

Imprimé en France
Imprimerie des Presses Universitaires de France
73, avenue Ronsard, 41100 Vendôme
Août 1989 — N° 34 731